维小维
wei xiao wei
著

每个会理财的女人都是厉害的CFO

中国铁道出版社有限公司
CHINA RAILWAY PUBLISHING HOUSE CO., LTD.

图书在版编目（CIP）数据

每个会理财的女人都是厉害的 CFO/ 维小维著 .—北京：中国铁道出版社有限公司，2020.6

ISBN 978-7-113-26762-9

Ⅰ. ①每… Ⅱ. ①维… Ⅲ. ①女性－私人投资－通俗读物 Ⅳ. ① F830.59-49

中国版本图书馆 CIP 数据核字 (2020) 第 054690 号

书　　名：每个会理财的女人都是厉害的CFO
MEI GE HUI LICAI DE NÜREN DOU SHI LIHAI DE CFO
作　　者：维小维

策　　划：巨　凤　　读者热线电话：（010）63560056
责任编辑：王　佩
编辑助理：王伟彤
责任印制：赵星辰　　封面设计：仙　镜

出版发行：中国铁道出版社有限公司（100054，北京市西城区右安门西街8号）
印　　刷：三河市宏盛印务有限公司
版　　次：2020年6月第1版　2020年6月第1次印刷
开　　本：880 mm×1 230 mm 1/32　印张：7.125　字数：156千
书　　号：ISBN 978-7-113-26762-9
定　　价：55.00元

前　言
Preface

1. 我的亲身经历

我是维小维，和大多数的普通女孩一样，出生在一个极其普通的家庭。

我父亲是一位建筑工程师，母亲是一位在别人公司做饭的阿姨。我的父母，辛辛苦苦一辈子，尤其是我父亲，在工地工作30年日晒雨淋，因为不善于理财，最终只攒下了10万元钱。那还是他口中赖以退休的养老钱。

他给那么多家庭建造了那么多的房子，到退休连一套属于自己的商品房都没有。在不限购的黄金年代（这里指商品房还是2 000元/米^{2}的年代，随时享受折扣购买，自己建造），他却不舍得把金钱换成一套能变成更多价值的房子。在他眼里，自己有一套住房足矣。

到了今天，我经常打趣地跟父亲说：“你错失了一个亿啦父亲”，我父亲依然对我嗤之以鼻。他说：“你在房价已经涨到50 000元/米^{2}的时候，才说这些事后诸葛亮的话吧。”我笑了。事实上，我从父亲的身上明白了一个道理：任何投资，都是要冒风险的。父亲是个明白人，他错失了一个亿，但心甘情愿。这也许就是我最启蒙的理财教育了。

中国的财商教育比较贫乏，而占世界优秀企业家五成的犹太人是怎么做的呢?

3 岁，犹太父母会教孩子辨认硬币和纸币；7 岁，能看懂价格标签，拥有“钱能换物”的观念；8 岁，父母会教他们去打工赚钱，把钱储存在银行里；9 岁，孩子要能制订一周的支出计划，购物时知道要比较价格；到 12 岁：要能看穿广告包装的假象，设定并执行 2 周以上的开销计划，懂得正确使用银行业务的术语。

正是因为缺了这些对钱的核心认知，我到 20 岁了还不懂得人为什么要上班赚钱，赚了钱该怎么处理，钱存在银行里有什么不好。

上班第一年，我听同事说他炒股赚了好几万，拿着几千元月薪的我瞬间两眼发光。冲动之下，我兴冲冲就跑到证券交易所开了户，第二天就把半个月的工资投进股市里（那时候，完全不了解什么叫股票，什么叫基金，有什么交易规则）。

结果……还不错，很快就赚到了 1 000 元。打心底里高兴，瞬间觉得自己就是一个“天才”，完全没考虑运气的事情。

然而，那年的牛市只持续了半年，一买一个准儿的日子极速就过去了。我赚到的钱很快就在漫漫熊市中打水漂，甚至还亏了一半。我还清晰地记得，我亏得一塌糊涂，甚至连想死的心都有了。就在那个时候，我妈突然因为颈椎错位严重压迫神经，还带病去给别人做饭，直接就晕倒在公司那个乌烟瘴气的厨房里。

当时我极想让妈妈住上比较好的单人房，极想让她选择最贵的理疗套餐，也极想能让她停止工作不要再为那一个月才一千几百元的工资操劳。然而，并不十分宽裕的自己，再加上毫无防备地在股市套住了大半年的工资，我实在没有这样的话语权。我的心痛得像刀割一样。

那一刻，我才清楚地意识到什么叫作“有钱才真正地有选择权”。

对于一个初出茅庐的女孩子来说，总有一些小小的愿望，选我想要的包包，买齐想要的口红色号，给我妈买最好的东西……

对于赚钱这件事，我也被现实治愈了很多遍。总结下来，有三个财富盲点特别想分享给大家：

盲点一：只想学赚钱的方法，对风险控制却一无所知。

我其实算是一个对风险毫无敬畏的人。有一句话说得好：“风险都是有标价的，只是一般人看不懂它。”所谓标价，其实就是风险回报的可能性。回报越大，你失去的可能性也同样越大。这是一个成年人都应该明白的道理。

也许一个女生在谈恋爱的时候会知道，花言巧语的男生能哄得你非常开心，但说不定就是个“花心大萝卜”；一个男生是人人仰慕的高富帅，但是很可能是一个根本不顾你感受的“工作狂”。

然而很多女生在理财这件事上都不明白，得到和失去的机会同样对等。所以，**认知风险可能才是任何一个人想用钱来赚钱的第一步**。然而，多少人却直接跳过这一步，跑到尽头才知道自己要面临掉落悬崖的危险。

盲点二：钱都是赚回来的，不是省出来的。

我在 25 岁之前是相当同意这句话的。尤其在男生追女孩需要付账的时候，这句话经常被男生放在嘴边当作炫耀的资本。

我记得有一次，跟一个闺密聊起她的男朋友。她说她特别喜欢现任男友，比喜欢任何一个前任都要热烈。这引起了我强烈的兴趣，于是不禁追问：你到底喜欢他什么啊？她跟我说，我喜欢他又高又帅，还很能赚钱。他经常跟我说：钱没了就再赚，节省没什么用。我特别喜欢他这种豪爽劲儿。老实说，这种话哄女孩那是相当受用，但到了实际生活中也是如此吗？并不见得。

先看一下这个案例。我曾经工作过的一家公司，因为吃了行业的红利，在头两年发展得相当好，赚了好几个亿。老板特别高兴，于是租了全广州市最高档的写字楼的最高层，甚至还想再租一层。每月的租金是 200 万元，足以孵化一个初创团队，当时我作为 CFO 反复劝诫他三思，他还是抛出了大多数男人的心声：钱都是赚回来的，不是省出来的。然而，随着行业回落，竞争加剧，后来公司连年亏损，租金也付不起了，账户上的数字眼看为零。但是退租的话，要失去两押（两个月的租金），即 500 万元！这个损失可以说是非常大的。

事实上，当一个人在爬上顶峰的时候往往会有一种错觉，自己今天能赚这笔钱，以后都能赚到。然而，人生永远都有低谷，赚钱的能力也有可能会过时。你今日所赚到的，也许不是钱，是运气。

永远给自己省出足够的预算，规划自己每一步的消费，为未来一个又一个的目标设置消费规划，这样做不叫“抠门”，而是“理性”。

相信我上面这段话，同样适用于很多喜欢超过自己经济能力的包包而苦恼的女孩子。你今天要是往前一步选择买了包包，在那一刻你会很高兴，会开心。但是转头而来的压力，半年都还不清的信用卡账单，或者父母一旦得病就猝不及防，可能也同样让你的开心消失得顿然无形。**永远要做和自己能力匹配的消费，这并不代表自己没有赚钱的能力，而是代表你既有能力赚钱，同样还有能力留得住钱。这才是赚钱能力最根本的体现。**

盲点三：别人的短期回报，你以为随便就能复制。

这句话是最让我心痛的一句话。有的人因为相信了某行家一句“明日涨停”而错误冲入股市；有的人遇到一个牛市就以为自己财务自由了，一下子倾注一生的积蓄；甚至有的人听说身边的朋友买基金赚得翻了倍，都不了解对方买的是什么，就立马去开了一个账户。

我记得世界知名的硅谷创业孵化器 YC 的创始人 Paul Graham（保罗·格雷厄姆）分享过一个故事——YC 里面有一个创始人，创业后身价变成几十个亿，他突然觉得自己应该研究一下如何保护自己的财富。于是狠下心去图书馆，天天刻苦研读。得出来的结论是：其实大部分的有钱人，并不是胡乱花钱把自己变穷的，基本上都是胡乱投资才把自己搞破产的。

这个故事告诉我们，任何花费其实都是有限额的，你买一架私人飞机算是“穷奢极侈”了吧，也不过是几千万美元的事。而乱投资的富人，一笔错误的投资可能就是几千万美元。一般来说，谁都不会预料到自己投的钱会打水漂儿，有一些是对于他人成功案例的效仿，有一些是对市场情况过于乐观。

而如果投资成功了，哪怕告诉你炒股票短期内达到翻倍也是一个真事儿。但是这些真事儿的实现是有条件的，绝对不是你说复制就能复制，你说学习就能学到的。从长期来看，很少有散户小白股民能赚到盆满钵满的，除非他是专业的投资者。

以上这几个盲点我觉得每一个年轻女孩子都应该早一些知道它们。为什么我再三强调女孩子更应该认知呢？因为在咱们传统观念如此浓厚的中国，大部分女性都承担了照顾家庭的责任。很多优秀的女性，可能会因为家庭放弃了工作，成了全职太太。到最后因为失去了更多赚钱和掌握财富的能力，而对男人非常依赖。一旦产生依赖，那么人生将变得不自由。

经过10多年职场生涯的磨炼，经过自主创业历经种种困难的考验，以及在种种纷繁复杂的人际关系中纠缠的拷问，我对自由的定义，已经不再是当初20岁的时候，那么简单。

2. 不依赖的人生，才是钱赋予我们最好的礼物

对，钱可以给我们自由，可以给我们选择权，这个选择权可以是物质上的。它让我们能实现买我想买，用我想用。但是今天，所谓的选择权，更重要的是，不是有权得到，而是我们可以有权放弃（有选择放弃不满意

的现实的能力）。

事实上，人生的每一步都是会变化的。今天的一份工作也许是你最满意的，薪水最高的；今天的伴侣是最喜欢的，最合拍的，最能够和你灵魂相契的，但这并不代表十年后依然如此。

如果你始终是一个向上生长的女孩子，你所在的公司必须永远跟你同步进步，你的伴侣也必须如此；否则，你们总会一个在前，一个在后。如果相隔太远的话，终归会因为总是触不可及，而越走越远，越走越淡漠。在这种情况下，理智的人，会选择要不放弃他，要不停下来等一等他。这种选择是困难的，但是至少你可以选择。

然而，如果一旦你没有了掌控财富的能力，或者你手上也没多少存量的资产，你的选择就会变得非常窘迫。哪怕你离开了公司，得到一笔离职补偿；你离开了伴侣，得到一笔离婚后的资产，你依然无法很好地独立掌控好自己的未来。

希望看完这本书的你，或多或少能获得这种能力，并且和我一样，有独立撑起自己美好理想的一腔孤勇，一往无前。

维小维

2020 年 1 月

目 录
Contents

001 **第 1 章 单身女孩，如何迈出财务自由第一步**

1.1 理财如何改变女生的一生 / 002

1. 为什么说女性更擅长做钱生钱的事儿 / 002
2. 固定工资可能是一个最大的陷阱 / 006
3. 给你一些能赚钱的门道 / 010
4. 工作之外，女生的第一桶金如何赚来 / 016

1.2 除了会工作，还要会让钱给你打工 / 019

1. 每月存 3 000 元，8 年存款 40 万很难吗 / 019
2. 一个工具，让你每月少花 30% 的钱 / 021
3. 五大指标，解决“投不投”“投多少”的困惑 / 027
4. 收益翻倍，你需要一份合理配置的理财计划 / 031
5. 认识市场，你可以投资的有这么多 / 035
6. 女性防骗，五维分析法帮助你 / 043

1.3 理财思维，职场生活都有妙用 / 047

1. 玩转信用卡，让银行帮你越刷越有钱 / 047

2. 巧用住房公积金，不买房也能增收 10% / 054

3. 这些开源方式，每月收入轻松翻倍 / 059

4. 买房还是租房，一个公式教你算 / 066

071 第 2 章 新婚夫妻，如何进阶打理家庭财富

2.1 趁着年轻，学习做自己的基金经理 / 072

1. 认知数据，新闻里藏着投资门道 / 072

2. 保本策略，配置一份不亏钱的投资组合 / 076

3. 组合投资，才能做到稳中求胜 / 081

4. 基金定投，让你的基金稳定获利 10% / 086

2.2 低风险的理财，可真的不止余额宝 / 094

1. 三大技巧挑好货币基金，收益率提高 50% / 094

2. 随存随取的互联网理财产品，轻松给零钱加点料 / 101

3. 你必须懂得逆袭绝技，1 000 元也能稳赚 15% / 106

4. 如何找到年回报 7% 的理财产品，稳定收益又安心 / 110

2.3 家庭 CFO，你该规划好这些事 / 116

1. 该不该买车，怎么买车最经济 / 116

2. 4 步规划，买对你人生第一套房 / 123

3. 等额本息等额本金，我该怎么选 / 131

4. 作为家庭支柱，安全保障是一种消费 / 134

145 第 3 章 成熟女性，你的财富规划也该升级

3.1 孩子的未来和保障，你规划好了吗 / 146

1. 儿童保险：500 元可以保护孩子的健康成长 / 146

2. 教育是大事：如何买一间高性价比的学区房 / 152

3. 二孩准备：精明妈妈都要算好的一本账 / 158

3.2 如何为父母准备好养老金 / 164

1. 父母老了，如何给他们买保险 / 164

2. 规划父母养老金，只需要三招 / 170

3. 父母容易受骗，如何保护他们辛苦一生的财务 / 176

3.3 均衡配置，你该懂点高级的 / 179

1. 轮动策略，让钱持续为你生钱 / 179

2. 对冲策略，聪明财女必经之路 / 183

3. 利用利差策略，全球捕捉投资机会 / 185

3.4 这样做，选对你的稳健绩优股 / 188

1. 看懂这四大指标，找到属于你的绩优稳健股 / 188

2. 入市有风险，不亏钱必须先走这 4 步 / 199

3. 小白买股票应该避开哪些坑 / 202

205 **第 4 章 自学有道，我推荐你读这些入门书**

212 **后记**

第1章

单身女孩，如何迈出财务自由第一步

现在有些女性不够自信，担心自己没有价值和理财能力。实际上，女性的价值不仅巨大，而且个个都是理财小能手。

遗憾的是，努力工作并不能让你实现财务自由，只有理财才能。对于职场的单身人士们，想知道如何让钱给你打工？想知道如何正确配置合理的理财计划？想知道如何巧妙运用信用卡、公积金越来越有钱？

别着急，通过这一章，上面的问题都能找到答案。

1.1 理财如何改变女生的一生

1. 为什么说女性更擅长做钱生钱的事儿

有人问我，一个女人需要多少钱才能养活自己？我的回答是：越多越好。不只我一个人这么说，女作家亦舒也说：“作为女性，先要争取经济独立，然后才有资格谈应该争取什么。十五至二十五岁，争取读书及旅游机会；二十五至三十五岁，努力工作，继续进修，组织家庭，开始储蓄；三十五岁以后，将工作变为事业，加倍争取学习，一定要拥有若干资产防身。”

看到这里，可能很多人都会长叹一口气，转眼都是“00 后”的舞台了，好像连储蓄的影子都没见到，蚂蚁花呗、借呗、京东白条都没还，谈何钱生钱？可能很多女孩会说：“我连银行卡密码都记不住，对数字根本就不敏感，怎么学理财？”现在很多女性都会有一种不够安稳和自卑的感觉，结婚前认为自己不懂理财，总是超前消费，结婚后觉得自己没有办法创造价值，会容易被人嫌弃。

真的这样吗？当然不是。

事实上，经济学家算过，在日本，一名家庭主妇年劳动价值大约平均是 42 万元人民币；在美国，大约为 75 万元人民币；在英国，大约为 51 万元人民币。

除此之外，有很多国家，政府也为家庭主妇提供了福利保障。

- **在日本**，法律规定丈夫必须为身为家庭主妇的妻子**购买退休金**，作为对她们辛苦劳动的补偿。
- **在美国**，家庭主妇到了退休年龄，**可以领取配偶退休金的一半**，就算是离了婚，在没再婚的条件下，依然可以领取。

一名家庭主妇主要的工作有以下几项：洗衣服、打扫卫生、买菜做饭，同时她们还是 24 小时待命的司机、育婴师、幼儿教师。工作时长达到了 10 个小时以上，全年 365 天没有休息。按照二线城市的价格保守换算：保姆 4 000 元 / 月，司机 4 000 元 / 月，幼儿家庭教师 100 元 / 小时。那么，一名照顾学龄前儿童的家庭主妇，**每年创造的劳动价值大约为 46 万元**。看到这里，问题来了，年薪 46 万元还包吃包住的家庭主妇，你愿意当吗？

在现实生活中，我们经常开玩笑说这都是给自己的孩子打工。如果按照这个算法，幸福感会大大下降。既然我们能够用劳动创造价值，怎样去赚到归属于自己的那桶金呢？答案就是，作为女主人，你要会管钱。

管好了钱，你不但能用普通的体力劳动创造价值，你还能切切实实为家庭也为自己省钱，赚到现金。只不过，在这时候你付出的不是你的时间，而是你的知识和思考。同样，很多工作的单身女性，也在各行各业竭尽全力地工作和生活着，创造自己的劳动价值，塑造着自己全新的价值观。

国际著名投资大师彼得・林奇说：你将来的财富不是取决于你目前赚了多少钱，而是你能拿多少钱投资理财。也就是我们常说的“睡后收入”，即睡一觉醒来也会有的收入（我们不用去做些什么，收入依然会持续增加，这才能够反映我们的真实财力）。

理财这件事非常重要，你要是能把自己的钱管好，让它可以源源不断地持续生钱，这件事本身就是对你自己甚至对他人都是非常有价值的。

有人说，男人比女人更擅长管钱。我并不这么认为，我个人认为女人更擅长管钱。为什么这样说呢？

第一，日常开支记账，女性比较有耐心。知道钱都花在什么地方，才能做好个人和家庭长远的规划。且不说每个家庭主妇都是好算盘手，就是普通的单身女孩，对于每个月花了多少钱，一般心里也是有数的。

第二，女性心思细腻，爱收集信息，可以获取很多理财有关的细节性信息。比如女性爱八卦这个特征，可以从四面八方听到各种亦真亦假的消息，但是需要对信息的真实性进行辨别。

第三，女性也更擅长忍耐。我们都知道要想让钱能够生钱，必须延迟消费，女性往往更加有节制一些。虽然说有的女性喜欢频繁轻奢消费，但是更多的女性，愿意攒几个月的工资买一款特别中意的高档品。

第四，女性对资产的安全性和稳定性更加重视，不会冲动和盲目冒险。从精打细算上来看，女性优于男性。

所以说，每位女性都是自己的CFO，也是一个家庭的CFO。

可能看到这里你还不相信，那我就给你讲个小故事。

一代才女张爱玲曾经写道："不知道钱的坏处，只知道钱的好处。"

到美国之后的张爱玲，用英文写文章和剧本，收入颇丰。即便如此，她都委托香港的朋友帮她理财：

"刚巧几天后有两万多元存款到期，换了一家开了新户头，就让你们俩做beneficiaries（受益人），可以帮我料理。"

1994 年的时候，张爱玲感觉，未来可能会影响金融走势，于是把香港的银行账户转到新加坡。

1995 年的时候，她发现美元兑日元可能会持续走跌，因此她买入大量日元保值。

早年的张爱玲虽然知道，钱可以用来买喜欢的东西，但是后来也因为不擅长打理，而让自己一度沦落到落魄、需要人接济的地步，好在后来终于体会到理财的重要性了。

所以，理财是每个人必备的本领理财和不理财最终的差别会怎么样呢？差别非常大，有的甚至大到差了一套房！

下面就用 Excel 计算一下，看看一个人不理财的结果和理财的结果的差异——

	金额	公式
理财30年……		
每月投入的本金（元）	3,000	
年回报率	8%	
理财时间（年）	30	
期末可以得到的金额	¥4,471,078.35	FV公式
假设不理财的话……		
每月投入的本金（元）	3,000	
年回报率	0%	
理财时间（年）	30	
期末可以得到的金额	¥1,080,000.00	FV公式

假设你每月投入的本金是 3 000 元，年回报率是 8%，理财时间 30 年，用 Excel 的 FV 公式（计算储蓄或投资的到期额）一算，得出未来最终为 447 万元。

假如不理财，将年回报率换成 0%，算出来的结果是 108 万元，两者相差 339 万元，差了整整一套房子的价格。

现在，想必很多人都明白了，理财越早开始越好，坚持的时间越久，成效越显著。你如果到了 60 岁，还在坚持做这件事的话，成为千万富翁一点都不难。

巴菲特说过，投资无非就是滚雪球，关键是找到足够湿的雪和长长的山坡。

而时间，就是这里山坡的角色了。如果山坡不够长，那么再湿的雪也不能滚成大球。俗话说得好，你不理财，财不理你。你要是不发挥作为女生的天赋来打理资产，财就真的不理你了。

2. 固定工资可能是一个最大的陷阱

很多人都觉得，女孩子，出来社会找一份工作，直接通过升职加薪的方式，努力工作就能挣大钱。这不对吗？这不是认真踏实吗？

对此，我只能同意一半。在人生的前期，工作的前五年，工作对我们赋予的意义的确相当大。这段时间甚至可以说会拉开人与人一生的距离。

我记得曾经面试过一个女生，她在一个科研机构做了两年，据说老板相当满意她的表现，同期 5 个实习生，就留下了她一个。

然而，老板却并没有给实际行动的“满意”表示。我问她，两年间老板有没有给你浮动的绩效工资，也就是说奖金？答曰：没有。我再问，你老板有没有年终给一笔和利润挂钩的奖项表示表示？答曰：没有。

从薪水上面来说，她可以说是老老实实拿了两年的基本工资。她也是个心眼实在的女孩，拿基本工资也从来没质疑过老板的奖惩制度，而拿着基本工资的她依然用心地应对老板的每一个吩咐。

然而她虽然努力，却始终没有办法绕过想离开的那颗不甘的心。毕竟拿着固定工资依然努力那叫作敬业，拿着固定工资依然满意那叫作死心眼。

现在的女孩，已经天生有一种复利思维——自己付出的所有，得有积累，得有沉淀，得在自己身上的东西变成更有价值的归属。

想必你也听说过著名的“管道的故事”吧。

1801 年，两个年轻人布鲁诺和柏波罗分别领了一个任务，把河里的水，运到村广场的蓄水池。

其中，布鲁诺勤奋得要命，天天用水桶提水，还在算计着怎样的路线才能跑得更快。

柏波罗呢，这家伙，不提水，也不跑步，不声不响，蹲在地上挖管道。

开始的时候，布鲁诺领到了很高的工资，时不时还躺在吊床上嗤笑一下穷得叮当响的柏波罗。

直到两年之后，布鲁诺惊呆了！

柏波罗修建的管道，已经能源源不断地给村子里供水，他和他的水桶，彻底可以回家了。

我记得刚刚入职第一份工作，有一个让人极度不舒服的公司文化：哪怕你饿得半死，也不能离开去吃饭，哪怕你工作做完，也不能自己提前下班。

这样的事情不是一次两次，老板很滑稽地默认：提前走或者自己去吃饭的人就是绩效差。有一天凌晨，我旁边的女生忍不住了，她拍案而起，决意离职。

看着她潇洒的背影，我非常羡慕，谁没过一刹那，想拍桌子冲口而出“老子不伺候了”的冲动！

可是，她家境殷实，而我呢，炒了老板只能喝西北风。

所以，从此以后我就决定：**一定要赚足够的钱，让它们产生足够的“被动收入”，才可能对世界有说不的权利。**

生活中我们为什么总是听人说：“我需要加薪”“我要是能得到升职该多好”“我要回学校再学习得到收入更高的工作”“我要去加班”“也许我能干两份工作”“两周内我将辞职，因为我找到了一份工资更高的工作”等。

但是，我想非常郑重地说一句《穷爸爸富爸爸》里面的名言：**富人关心的焦点是他们的资产，其他人关心的则是他们的收入。**

只有你把增加的收入用于购买可产生收入的资产时，你才能获得真正的财务安全。

大多数情况下，被动收入是指来自房产投资＋股票投资＋其他理财投资的资产，而不是劳动性收入。

有了“被动收入”，一个人才可以不需要出卖时间讨生活，才能在按下发送辞职信的回车键时，一点都不担心。

为什么说只有工资收入，是完全无法走向财务自由呢？

给大家讲一下我的感受。2018年以来，也就是著名的康波周期[①]所预言的“最坏的时光”前夕，很多一线城市的年轻人都会突然发现，自己咋就变得那么穷呢？

无非是因为，一线城市的房租暴涨了20%，高峰期打车不加价是天方夜谭，叫个外卖不领券就痛悔一整天……哪怕拿着5~6位数的年薪，到年底还是发现自己用6位数的密码，保护着2位数的余额。

在经济变得越来越前景模糊的时刻，手里仅拿着一份基本工资的感觉，就像手里拿着一把剑应对洋枪大炮。

因为，整个职业生涯的规划中，你是个勤奋的提桶者，而不是躺赚的管道工。

给大家讲一个扎心的笑话。

有个人去算命，算命先生说“你40岁以前会很穷”，他问“那我40岁以后就会发财了吗？”算命先生说：“不，你40岁以后就习惯了。”

希望你在40岁之前，尽快成为“躺赚”的管道工。

所以，努力工作并不一定能让你实现财务自由，只有具有投资的眼光，和理财的知识才能尽快实现这个目标。

---

① 康波周期，是1926年苏联经济学家康德拉季耶夫，发现发达商品经济中存在的一个为期50~60年的经济周期。在这个周期里，前15年是衰退期；接着20年是大量再投资期，新技术不断采用，经济快速发展；后10年是过度建设期；过度建设的结果是5~10年的混乱期，从而导致下一次大衰退。

3. 给你一些能赚钱的门道

很多人都会问，我现在生活得挺好的，不愁吃不愁穿，偶尔也还能拿出大笔钱挥霍一下去，跟朋友唱歌、下馆子，买一双3 000元钱的鞋子炫耀一下，为什么要委屈自己去攒钱、去储蓄、去理财呢？

这个问题问得真好。因为，理财的核心理念就是“目的”，知道目的就是理财的好开端。

为什么学理财呢？首先，你的工资涨幅，是跑不过钱贬值这个事情的。

接下来，让我们看几组数据。

10年前，肯德基的套餐才10元钱一份，现在呢，要34元钱才能走出肯德基的大门。整整增长了3.4倍。

但是，我们工资不是也在涨吗？我们调查了2007年的平均工资，是3 380元，而2017年是7 409元钱，大概只是涨了2倍多。

也就是说，工资是在增长，但是物价跑得比你快！这个差距，中间不插入理财两个字来化解，就是越努力越穷！

有这样一个笑话：

2008年，牛肉拉面4元一碗，我在银行存了1万元，相当存了2 500碗牛肉拉面。

可是到了2018年，每碗牛肉拉面涨到了10元，我存的1万元连本带利变成了13 500元，牛肉面只剩下了1 350碗。

所以，我在银行存的1150碗牛肉拉面到底被谁吃了？

还有一个蛮惊心动魄的数据。2001年，全国高校毕业生不过只有114万人，但是到了2017年，这个数字就变成了795万，将近7倍！

人才越来越多了，你的资历也越来越不出众了，能赚到钱的机会自然越来越少，这是一种很容易被人忽略的贬值。

根据美国国会调查局的统计，1989 年到 2013 年，只有 60 岁以上的美国人财富增长了 60%，而 35 岁以下的人群，财富反而下降了约 40%。

分析后表明，大部分的年轻人学历不占优势，越来越不容易找到高收入的工作，而 65 岁以上这部分人，因为较早地拥有了**房产和股票**两大增值利器，所以反而过得越来越好。

大家看完上面的统计数据就会发现，一个人有钱没钱，固然跟努力程度有关，但又不是有绝对关系，未来的世界，必须是**努力加上资本共同发力，才能掌握自己的命运**。

其实女孩子刚刚工作时，也许并没有太多的本金。但有一些财商思维必须在没钱理财的时候就根植到脑海里。这些思维，主要归纳成以下几个原则：

第一，没有目标，就是瞎胡闹。

它主张目标和行动的一致性，学会这个原则，你就不会总是像一只无头苍蝇，遇到事情就会感到茫然。因为，你非常清楚你要什么。

第二，用回报率做出选择。

有时候，你会为跳不跳槽、分不分手、买不买房之类的问题头疼。用投资回报思维来考虑事情，保证让你在选择面前能保持理智清醒。

举个例子，跳槽这件事，投资的就是你现有工作的机会成本，得到的是未来发展的新可能。在这两者之间量化比较一下，失去的工资和可能的新方向孰轻孰重，你自然就可以做出一个跟从内心的抉择。

第三，要有底线思维。

2015年的股灾，让很多人跳楼，最大的原因是他们借了外债来炒股。事实上，这就是没有底线的行为。你能接受最差的结果吗？不能，就不要贸然行事。这是帮你拒绝非理性行为的最好依据。

但是，在理财这条路上，很多人会出现错误的判断。下面给大家分享几个大家可能会踏进去的理财误区：

第1个误区，毫不知情，就跟风炒股买基金。

这是常见的“韭菜们”喜欢做的事情。

那些所谓的“股神”呢，也不跟你分析什么原因，一般都神神秘秘地说，听我的就对了。你就很听话地跟进了。

很多年轻人，存了一笔小钱，就会想着，要不就开始买股票吧。特别是股市特别热的2015年，大家都像讨论买青菜一样讨论买股票，仿佛不要钱。事实上，你了解你投资的公司吗？你了解经济运行规律吗？盲目地投进去，等于把钱送给资本大鳄当韭菜。

事实上，很多人都在2015年的股市大跌里面，亏了不少钱。

其实，股票或者股票型基金在投资市场上算是风险很高的一种产品了。因为它价格的波动非常大，随时就会产生亏损，对于投资来说波动意味着不确定性，不确定性就意味着高风险。

通常，非常多的小白投资者，他们的日常心理状态应该是这样一条曲线：一开始并不熟悉市场情，况且在一个并不适宜的入市时机进了股市。因为不抱太大期望，开始涨了一点，高兴坏了！立马就卖，赚了一点买菜钱，高兴了三天。

接下来，因为赚到点小钱，却看着它还是继续涨啊涨，真的不甘心，立马一跺脚，又买回去。没想到，第二次一买，这股票就开始跌。怎么会这样，你怎么也想不明白，一卖就涨，一买就跌。

但这时候你反而就变成“出家人”心态了，反正跌都跌了就当作长期投资。

于是，无论市场如何下跌，就捂着一直不卖，甚至也不再补仓平摊一点成本，直到多年后市场依然不反弹的某一天，真的是灰心丧气了，看看反弹到一半成本，就卖掉吧。

其实股票和股票型的基金，无论在什么时候，都是要回归价值投资的。很多低估的股票都是分析师在一个几百只股票的池子中天天研究出来的结果，并不是靠运气。所以我建议刚刚开始做理财的小白们不要把股票作为第一个理财目标，而是老老实实降低收益要求，从切实可行的初步理财方式入手。

第 2 个误区，以为只要高收益的理财产品（比如 P2P）就一定可以赚取收益，但实际上对风险一无所知。

在理财的世界里，有一个不可能三角，就是风险、收益和流动性。

一旦流动性好，风险低的产品，收益基本上不会很高。如果产品仅说明收益比较高，那一定隐藏了一些风险因素，让你还不明白怎么一回事的时候，就买了进去。

我们给大家总结了一个市场上一些产品类别的收益率，如果同等风险的产品，却给你一个天价收益率你就要警醒了，它一定有什么没告诉你，让你以为风险很低。事实上，P2P 的风险已经去到了无抵押高收益公司债的水平了，中等风险的东西，你不要以为它是一直无毒无害的小绵羊哦。

投资品类	利率	对应风险	流动性
银行存款	2.50%	无风险	高流动性
1 年期国债	3%	无风险	中流动性
5 年期国债	4%	无风险	低流动性
抵押公司债	6%	低风险	中流动性
无抵押高收益公司债	8%	中风险	中流动性
小盘股	12%	高风险	高流动性
房地产	15%	中风险	低流动性
风投	25%	高风险	极低流动性

第 3 个误区，就是死活不想做欠债的人。

我早期的成长经历，财富能得到一个级数的增长，原因是我在比较早期的时候就欠债买了房子。

我在刚刚毕业的时候，有一个男同事跟我抱怨，女朋友对他逼婚，一定要他买房子。所以他只好背负了上百万元的债务买了一套房，每个月的工资都拿去还贷了，好苦啊……

中国人自古以来就对房子有非同一般的感情，它能给予我们强大的安全感。但是在给我们提供避风港湾的同时，在一些地区还有增值的潜能，甚至它的增值，可以撬动我们整个财富的增值，也就是我们平时所说的杠杆。阿基米德说过，给我一个支点，我就要翘动整个地球。这就是杠杆的功能。

杠杆就是用来借力的。这个借力的关键点在哪里？很简单，你撬动的必须是一个地球而不是一块石头。

就是说，你欠钱之后，得去获得更高的投资回报率，高于你负债所支付的利息，这笔买卖绝对是赚钱的买卖。

当然，我说的这个投资品，一定要有比较大的确定性，如果是股票，或者风险比较大的基金的话，我就不建议用杠杆了。因为当初在 2015 年股灾里面崩溃上天台的，基本上是那些借钱炒股的人。

最后一个误区：以为“省钱 = 理财”。

其实，省钱和理财，肯定是不能画等号的。只有有目的的省钱，才是真正的理财。

有目的的省钱，和没目的的省钱有什么区别呢？

根本区别是：一个有规划，一个无规划。比如说，各大平台的知名 KOL（Key Opinion Leader，关键意见领袖）对存钱都有很多种方法，比如 365 存钱法，52 周存钱法，还有 10/50 存钱法，等等。

其实最好的省钱方式，就是有目的的省钱。比如，你要 5 年内买一辆 30 万元的代步车，如果把这个目标拆分为每年存 6 万元，每个月存 5 000 元，这样你的努力方向就很明确了。

假如你想要出国旅行，或完成一个 MBA 学位，或给孩子存够读书的钱，这些目标都可以，只要你不被自己的存钱方法牵着走，而是被目标倒逼着计划就好。

所以说，我们在理财这件事上一定要“格物致知”，千万不要“依样画瓢”。**门道是敲门砖，打开门的方法却万万千**。

4. 工作之外，女生的第一桶金如何赚来

前面铺垫了那么多，无非是想说：如果你想过得更自由，必须要学会投资理财。

那么问题来了，我们去理财的话，怎么做到钱生钱呢？挣得的钱从哪里来？

下面先来看一下市场上可以用钱来生钱的产品，主要有以下几类：

- 低风险投资品——包括货币基金、银行存款、银行的固定收益理财、国债逆回购等。
- 中等风险投资品——黄金、FoF、可转债打新、港股打薪、债券基金。
- 高风险投资品——股票、股票基金等。

这些投资品本质都是什么呢？主要有两个：股权和债权。

（1）股权

股权是什么意思呢？就是有一个人开了一家公司做生意，他的公司要发展壮大，需要很多钱，所以，他就要去找投资人换钱，并给投资人一个股权证，证明拥有股权比例及承担的责任。

如果股东不够，还可以将公司的股份向公众出售，这就叫作 IPO。

股权为什么能赚钱？那是因为那家公司能赚钱，也就是它模式对，战略对，执行对，创始人也没有什么大的问题，整个都对，这家公司就可以通过经营，通过卖东西，一直在赚钱。

而我们因为持有了这家公司的股权，他这个公司在赚钱，我们的股权自然就越来越值钱。放到资本市场上，这个股权通常能放大几十到几百倍地赚钱。

为什么股权投资是一定能比持有货币赚钱的呢?

这里跟大家说一个段子：据说有一个非常看好腾讯股票的程序员，多年来腾讯一给他发工资他就买了腾讯的股票，这么多年，他财富的积累甚至超过了大部分的老员工。为什么?

那是因为，腾讯是一家赚钱的公司，这是大家都公认的。他拿到的工资，仅仅是公司赚到的利润的一部分。

公司整个获取的收入，减去支付的成本和人工，最后剩下来的就是利润。这部分利润，就是留给这个公司股东的。

因此，这个聪明的程序员，他把工资投入到股市成为腾讯的股东，等于他把那部分多出来的利润也赚到了。他投入了工资，能赚到的是公司剩余部分利润在资本市场放大了几百倍的价值。

所以，股权投资能挣钱的前提是，这家公司是好公司，它能够赚钱，一直能够赚钱，如果目前不赚钱，它也有赚钱的可能性。

（2）债权

而另外一种业务——债权，它的本质又是什么?

债权本质上就是一种借贷关系。借钱，大家都知道，要付利息！所以无论是P2P、货币基金、债券基金，还是银行的固定收益理财、国债逆回购、信托产品，说到最本质的东西，都是债权。

所以，选择债权的核心原则，即对方有没有能力还你本金。这个是选择债权类投资的核心要诀。

听了上面两点，**我们知道，投资，本质上都是在投资一种股权，或者投资一种债权。而无论是股权还是债权，它们的模式都是能通过一定**

的运营增加价值的，所以是一定能赚到钱的。

商品类的投资比较复杂，包括黄金等，这些东西的价值变动，是按照市场需求波动的。所以商品类投资，可以说是市场上风险最高的投资了。因为它内在的价值是不变的，变化的只是供求。

比如，某地曾经发生过水灾，香菜的商品价格飞涨到 40 元一斤，就是因为短期需求短缺造成的。

所以商品类投资，更多的是通过预测它们的供需情况来获得盈利。包括黄金白银，它内在的价值是不变的，你们要做这一类的投资，需要更多的判断能力。

也就是说，如果我们选择正确的股权和债权做投资，那我们一定是赚钱的。

然而，为什么我们常见的现象却是：10 个投资者里，往往是 7 个亏钱，2 个保本，1 个赚钱呢？

理财这件事情，赚到钱的人，一定是把握好了一个不可能三角。风险、收益和流动性，这三个兄弟，就像一个三角形的三个顶端，互相牵制着。

但凡哪个因素没有考虑到，就会出现保本或者亏本的情况。也就是说，赚钱不是那么容易的一件事。

有的人觉得女孩们数学不好或者逻辑能力不行，这样的结论是片面的，下面就开启女性“躺赚”的模式，教大家怎么让钱给我们打工。

你准备好了吗？

1.2 除了会工作，还要会让钱给你打工

1. 每月存 3 000 元，8 年存款 40 万很难吗

我首先给大家提一个问题：每月存 3 000 元，8 年存 40 万很难吗？

可能有些人觉得我在天方夜谭，但是，你应该相信我，这是可以实现的。

首先，我想再重复一次前面的一句话：没有目标，就等于瞎折腾。

任何理财行为，到最后都是定目标—分析目标达成方式—找寻各种投资品的一个过程。

目标大，时间短，你所需要的收益率就要高，同时担负的风险也高。

目标小一点，时间长一点，你需要的收益率就低一点，你负担的风险也低，达成的可能性也大。

那么，我们今天锁定的目标就是 40 万，8 年。怎么才能做到呢？请看这个公式：

$$\sum_{n=1}^{96} 2\ 990 \times (1 + 8\%/12)^n = 402\ 935.51\text{（元）}$$

什么意思呢？给大家解释一下：

2 990 代表着每个月为自己的目标所要存下的钱，然后一共要坚持 8 年，也就是 96 个月，每年要努力做到 8% 的回报率。最后，得出的结果就是 40.2935 万元，也就是最终可以得到的存款。

事实证明，8 年的理财行为，不仅可以完成 40 万的目标，还能有盈余呢。怎么样？有没有很惊喜？

通过一定的时间，保持一定的复利增长，你每月坚持投入的钱一定会在最后实现你的目标。这就是复利的魔力。

也许这个时候你会有新的疑问：那么假如我的目标是每月存 4 500 元，想在 10 年内，存够 80 万元呢？想知道结果吗？

我们用上面的公式计算，得到的结果是 82 万元。

如果我们略微调整收益率，比如说把收益率预期降低到 6%，我们再计算，得到的结果是 81 万元。

这两个计算，给我们怎样的结论？

目标定下之后，我们有两个方法：

一个是提高收益率，提高风险，本金就投入少一点。

一个是降低收益率，降低风险，本金就要提高投入。

其实就是这么一个道理：世界上根本没有十全十美的好事，风险、收益、流动性，这三点我们不可能同时都做到很好，也就是“鱼与熊掌不可兼得”。

你的那点钱总是在亏着，那一定是风险、收益和流动性三者有一点或者两点没有平衡好。

比如说，要不，是你对风险的期望值过低，导致没有及时止损；要不，是你对收益的期望值过高，导致没有及时止盈，或者三者都没平衡好。

那我们应该怎么做呢？最好的方法是用每个月拨付的本金，选择一个合理的投资品。让你的收益率跟你的风险承受能力匹配，那就是理财行为的第一步。

2. 一个工具，让你每月少花 30% 的钱

理财的开始，绝对不是投资，而是记账。这句话对吗？

我觉得一半正确。我个人只记大数，因为我一天到晚都要待在办公室写稿，基本上都没什么消费，每个月的支出一目了然，清晰无比，无非就是吃饭、房贷、打车和坐地铁了。

然而对于一些家庭来说，大部分都被油盐酱醋和各种一冲动就剁手的“买买买”占满。对于这种数据满天飞，线索纷繁复杂的家庭，就非常推荐去记账。

记账的目的，不是为了记而记，而是为了弄清楚到底自己有什么必需消费，有什么弹性消费。当弹性消费累计的金额多了，那么就建议自己节制一点。

在此，我给大家推荐几个记账工具。

这里以支付宝为例。它除了已经天然记录了我每个月的收入支出之外，还可以给每一笔支出添加标签。

此外，每一笔消费支付宝都贴心地设了一个标签。每个月的消费去向，真的是支付宝都比自己要清楚。

在这个工具里面，就能查询到每个月你在每个方面支出的金额了。

坚持记账 3~6 个月之后，你就知道自己的钱到底是怎么没的。那接下来你就要用这些数据做一下表格，你的家庭支出、收入、资产、负债也就一目了然了。那我们一起来看看一个正常的家庭资产报表，该怎么记呢？

（1）资产负债表

首先，我们来看第一个，资产负债表。

这个表格主要是帮助你厘清家庭的资产与负债之间关系，大白话就是家里有多少钱，包括动产和不动产，这些都是家庭的资产，包括：存款、住房、投资的房产或商铺、汽车、存款，还有目前投资的一些理财产品等。

资产	金额	负债	金额
活期存款	0	住房贷款	0
定期存款	0	机动车贷款	0
信托基金	0	其他贷款	0
债券	0	负债总计	0
银行理财	0		
公募基金	0	净资产	填写资产总额—负债总额
招行港币	0	每月剩余	填写利润表的剩余数
量化私募基金	0	净资产总计	
股票	0		
自住房	0		
自住房	0		
投资房产	0		
投资房产2	0		
投资房产3	0		
机动车1	0		
机动车2	0		
机动车3	0		
借贷	0		
高风险投资			
企业投资	0		
其他			
资产总计	0		

除此之外还得考虑负债的情况。最常见的负债就是房贷、车贷、信用卡负债。而家庭的总资产减去总负债，最后得到的数值就是家庭的净

资产。净资产这个术语有点高深，可以理解为，这就是你家真真正正还完所有债务之后，所能够拥有的钱。

为什么要做这个资产负债表？

核心原因是，我们从里面要算出一些比率。这些比率对应的会有一个参考的范围。可以根据对应的公式计算一下，判断一下家庭资产是不是都在正常范围之内。如果失衡了，那也可以相对应地做出一些调整。

（2）利润表

资产负债表和利润表是什么关系呢？大家看一下下面这张图就明白了：

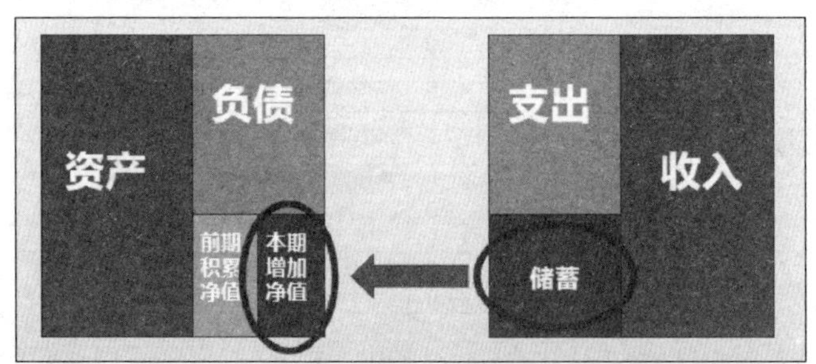

收入减去你当月的支出，就是当月剩余的钱。也就是，这就是你的当月储蓄。当月的储蓄，在资产负债的平衡里面，最终还是增加净资产。

你的个人利润表就比资产负债表好做，基本上把你记账的内容录入进去，剩余的就是你的储蓄，直接可以记录到你的利润表里。

大项目	小项目	金额（元）
收入	工资收入	
	奖金收入	
	兼职收入	
	利息收入	
	投资收入	
	收入小计	0
支出	饮食	
	服饰美容	
	日常生活	
	住房缴费	
	交通出行	
	通讯邮寄	
	文娱科教	
	健康消费	
	人情往来	
	其他消费	
	保险消费	
	支出小计	0
剩余		0

记账一般很难做到精确，这个时候就遵循这样一个原则：收入如果不精确可以算少一点，支出如果不精确可以算多一点。这样也是降低心理预期的方式。

如果真实情况是收入比算的多，那也算是生活的小惊喜。如果支出的情况比算的要多很多，这就会影响到我们做的计划，要推翻之前的重新来做。

有些支出是相对比较固定的，我们可以以一个月的支出作为蓝本，乘以 12 得出年支出的数值。比如：每个月家里的伙食费、孝敬父母的支出项、孩子的学费、水电煤气费等。我们这里要注意，有些支出可以用年度概念来计算，有些支出是月度比较容易。万事开头难，相信迈出第一步之后，你会发现记账并没有那么麻烦。

通过这两个表格，我们可以算出家庭资产在一定时期内的结余情况了，池子里面剩下的钱才是我们积累财富的开始。比如，从表格中，我们发现了银行储蓄原来占到了 50%，几乎有一半的净资产躺在银行里面，这时候就可以考虑多元化投资理财，根据风险偏好和短期长期的流动性需求，做出调整。

（3）投资回报汇总表

除了记账，如果投资品种比较多的同学，建议定期把自己的投资情况做一个表格进行归纳，比如两个月归纳一次。

这个表格的好处就是，你能清晰算出每一笔的回报率，明确自己购买的渠道在哪里。

其实我们平时投资时很容易有健忘症，东投点，西投点，零零散散的，到最后自己有多少投资都记不得，那在做资产负债表的时候，其实是无法归纳完整的。

这个表格还有一个好处就是，可以看到自己到底哪个投资做对了，哪个投资没做对，也可以看看长短期投资的分布到底是怎样的，自己资产的流动性分布是怎样的，以便采取下一步的理财策略。

投资类别	投资产品名称	购入渠道	流动性	买入日期	买入价格	卖出时间	卖出价格	净赚/净亏	回报率
信托	xx号资产信托	xx信托公司	7年赎回	x年x月x日		x年x月x日		卖出-买入	净赚/买入价格
基金	xx基金	天天基金网	随时可取	x年x月x日		x年x月x日		卖出-买入	净赚/买入价格
股票	xx股票	广发证券	随时可取	x年x月x日		x年x月x日		卖出-买入	净赚/买入价格
固定收益理财	xx银行理财	支付宝	1年赎回	x年x月x日		x年x月x日		卖出-买入	净赚/买入价格

我们在清楚表格的作用之后，下面就来说说记账的小窍门。

开始记账的朋友，可能都会陷入一个误区：事无巨细都记下来了，每天记流水账，昨天多买了一把青菜，今天给宝贝买了几本书。这样下去，开始可能信心满满，记着记着也就坚持不下去了。

所以，我们要学会集中处理这些信息，计算总的需求和预估下个月的开支，抓大放小，最好确定几个明确的分类，比如买菜、水电煤、教育费用等。

最后，明确预算，给自己确定一个具体可行的目标。

每个月花一个小时重新看看，做好调整。

记账并不是单纯的流水账，可以列的表格其实是非常多的，但是最重要的是可以通过这些表格摸清财富的情况，给自己的财务情况把脉。

如果还是不知道具体怎么操作，这里给大家提供一个家庭记账的模板供参考，大家可以根据自己实际需要进行删减或补充。

现金流量表				
收入（年）	金额（元）	支出（年）		金额（元）
工资和薪金（税后）		汽车贷款付款		0
老公	0	汽车维护费（贷款）		0
自己	0	子女抚养费		0
租金收入	0	服装费及淘宝杂费		0
共同基金（年）	0	住房供款		0
信托收入		水电费		0
银行理财		娱乐费		0
		食品费		0
		清洁卫生支出		0
		保险		0
		个人护理费		0
		旅游		0
		车位租金		0
		福利退还		0
		退休计划投资		0
		交通费		0
		物业管理费		0
		基金定投		0
		孩子留学费用		0

3. 五大指标，解决“投不投”“投多少”的困惑

记账、做表格都是对我们手头资产的一个盘点。盘点之后的目的，

就是为了诊断和配置。

医生看病会有一定的指标来参照，把握自己的财政状况，也同样需要一些参考数据才能比出高低。这些指标里面，给大家介绍5个最常用的、从不同维度考量财务状况的指标。

（1）结余比率（参考值30%）

巴菲特说，**人生就像滚雪球，首先要发现够湿的雪和一道够长的山坡。**

在这里，每个月收入的结余，就是足够湿的雪。没有结余，也就是说根本存不下自己财富的第一桶金。

结余比率 =(当月收入 − 当月支出)/ 当月税后收入

这个比率反映的是你财富积累的速度。一般来说，一个城市白领，到了月薪5 000元以上的情况下，就应该考虑计算自己的结余比率，这个比率在30%以上，你的财富积累就上了一个快车道。

（2）负债收入比（参考值50%）

我之前理财课的学员小刘今年刚结婚，为了有一套自己的婚房，咬咬牙买了一套80万元的房子，虽然首付是家里提供的，但还房贷总不能再依靠家里，每个月要还8 000多元的贷款本息。

他和他老婆两个人加起来的总收入才10 000元。每个月的工资都用来背房贷，硬生生成了一个房奴。日子过得紧巴巴的，连日常开支都成问题更别说养孩子了。

这种情况就属于家庭财务的亚健康状态了。

其实他遇到的问题，就是家庭的负债收入比太高。

负债收入比率 = 每月归还负债的现金流 / 每月收入现金流

小刘每月要还贷款 8 000 多元，负债收入比高达 80%。一个家庭正常的水平是在 50% 左右，这已经严重超标了，所以很大程度影响到日常的生活。

要保持家庭的财产健康状态，家庭负债收入比率最好不要超过 50%。如果负债超过的话，家庭经济压力会非常大，甚至整个生活都会被房贷车贷、信用卡给拖垮。

（3）流动比率（参考值 3 ~ 8）

每个家庭除了每月日常的开销之外，免不了要处理特殊而又紧急的事情，比如家里突然有老人生病了等。流动资产这时候显得特别重要，就是用来救急的。

我们必须准备一些在家庭紧急时需要的资金，能迅速变现而不会带来损失的资产，比如现金、活期存款、随存随取而没有本金损失的一些理财产品。

那么，家庭该留多少流动资金才合理？这里，我们就要介绍第二个指标——流动性比率。

流动性比率 = 流动性资产 / 每月支出

举个例子，如果家中有 10 000 元活期存款，家庭每月支出为 2 000 元。那你的流动性比率是 5，也就是说一旦遇到意外情况，个人完全可以应付 5 个月的日常开支。

但如果你的活期存款为 10 000 元，而每月支出 10 000 元，这时流动比率是 1，流动性太低，家庭的资金周转可能因为一些特殊情况而出现问题，抗风险能力太低。

如果你的活期存款为 20 000 元，每月开支为 1 000 元，流动比率为 20，这时流动性比率过高，意味着家庭的闲置资金较多，不利于资产的保值增值。这个时候，你就应该压缩活期存款，把手上的钱花出去或者是加大理财的投入。

这种情况，一般出现在很多高收入群体中，很多人发了工资便不去管它，流动性比率太高了，家庭财务同样也进入亚健康状态。

流动性比率，一般在 3~8 为佳，在这个范围之内，既能解决不时之需，又能最大化家庭理财收益。

（4）投资资产 / 净资产比率（参考值 50% 以上）

第三个指标是投资资产和家庭的净资产比率。

投资资产是指能够给你的家庭带来现金流收入的资产。比如说房子，房子是用来住的，是固定资产，不能给家庭带来投资收入。

假设家里配置了投资资产 100 万元，不打算出售的房产 200 万元，总资产达到了 300 万元，但是因为买房子负债 100 万元，那么你家庭的净资产就是 300 万元 −100 万元 =200 万元。

而你家庭的投资资产是 100 万元，100/200=50%，这就是投资资产和净资产的比率。

这个比率，等于或大于 50％是一个比较理想的状态和指标。**一个家庭有一半的资产用于财富增长，属于一个良性的家庭配置情况。比率越高，说明家庭的投资越多元化，赚钱的渠道越多。**

（5）财富自由度

怎么量化离真正的财富自由还有多远呢？这里有一个公式值得参考。

财务自由度 = 利息收入 / 消费支出

50% 是很自由，15% 是适度自由。

我们经常提到的财务自由是个什么概念？

根据胡润百富榜的统计数据显示，全国财务自由的门槛比去年上涨了 50%，在房地产价格上涨、人民币贬值加速的大环境下，北上广深等一线城市财务自由的资产门槛已经高达 2.9 亿元，即使你在杭州、南京、成都等二线城市，也要达到 1.7 亿元才能算是财务自由。

光是这个数字相信就把很多人吓倒了。很多朋友认为：这么多钱，这辈子都别想自由了。其实这个观点是比较片面的。

决定你是否已经实现财务自由，主要取决于三个因素：

一是过去积累的存量财富有多少；二是未来钱生钱的速度有多快；三是你对物质的欲望有多大。前两个因素就构成了财务资源的供给曲线。

我们都明白，实现财务自由，其实是能让自己有自主的选择权，选择自己想要的生活方式。

可以选择继续做自己喜欢的工作，也可以选择不工作。

你的钱数清楚了，你的比率也算清楚了，你就知道自己该拿多少钱出来投资了。

4. 收益翻倍，你需要一份合理配置的理财计划

理财的第一步，是要把自己和家庭现阶段的资产和一定时间内的预期资产做一个小小的盘算。我们都知道，有一个著名的家庭财产配置方

法叫作标准普尔家庭配置图。

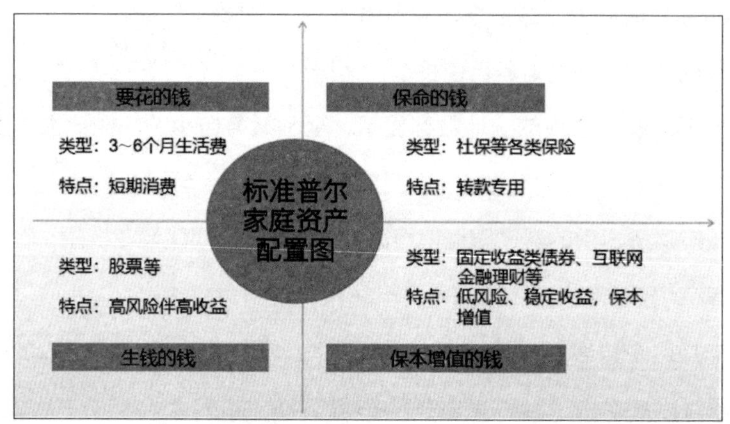

这里面有一个非常不方便的操作是，每个人的情况都不一样，有的人保本增值的钱比例不需要这么高；有的人保命的钱比例不需要这么高，每个人的风险偏好、生活用度都不一样，所以不建议一定要按照标准普尔家庭资产配置方式去配置。但可以参考里面的理念，把这些资产分配到四个池子里面，我把它叫作“四个池子划分法”。

第一步，我们把自己的资产分为：现金池、保险池、实现中短期投资目标的目标池和为了长期稳定保值的增值池。

第一个池子是现金池。是我们平时要花的钱，也就是上图中“要花的钱”，以及防止我们失业、大额支出需求的应急备用金，这个备用金一般是 6 个月的必需支出。

第二个池子是保险池。我们要规划一部分小钱来保护大钱，保证家庭不陷入负债，也就是保险了。

第三个池子是目标池。它是用于实现你一些确认期限、确认金额的目标的。这部分的资金理财有明确的要求，某个时间一定要拿出来，中短期的增值目标更清晰就安排一些短期投资产品，抓住一个较短时间段的增值，看准投资品类更加重要。

第四个池子是增值池。也就是说，这就是你的闲钱，准备长期稳定滚雪球获取一个更高的收益率，或者是用来做养老计划或者是孩子的教育准备金、二胎基金等。

第二步，就是给你各个池子的钱，搭配不同的投资品种。

现金池要搭配流动性好的产品，保险池搭配合理的保险险种；目标池要按照目标需要达成的时间以及所需要的金额，配置一些低风险固定收益类产品，或者低风险非固定收益类产品；增值池属于长期投资的池子，只需要保证搭配组合投资，尽量投资在波动并不相关、风险尽量分散的投资品类里面，保证经过 7 年以上的投资能实现一个长期的 8%~10% 的收益率。

根据这个特性，我们建议现金池应该配置：

货币基金，以及各大互联网平台比货币基金稍微好一点的、随存随取的产品。这些平台为了招揽用户，通常都会承诺即时到账或者当日到账，其实它们本身垫付了一些用户临时所需的钱，非常适合配置现金池，比一般的货币基金到账快速。

到季度末、年度末的时候，大家也可以冲一下国债逆回购，在季末、年末达到 10% 以上的年化收益率还是比较有可能的。

保险池：保险必须在目标池和增值池之前配置，保证自己先拥有一个保障，再去考虑资产的增值。

目标池：最适合配置一些银行的创新类存款、银行的固定收益类理财、债券基金等低风险产品。在 1~3 年可以达成 5% 左右比较理想的收益。

增值池：这个就是我们高收益的来源了，可以进行指数基金的定投、海外基金的配置、配置私募基金（国内钱足够的话）等方式，当然，也可以通过配置海外房产、国内房产等方式来实现。

结合起来，每个池子各司其职，就能冲击我们的目标收益率。

在我们没能实现财富自由的时候，我们还是要靠工资收入，自己创业的朋友就是盈利收入和另外开源的渠道获取的收入。

作为家庭收入最重要的工资收入，我们要怎么打理呢？我建议大家可以把工资分成三个部分，开设账户来区分管理。

这三个账户就是日常开支账户、应急备用金账户和用于理财的账户。

① **日常开支账户，可以放进去你 1 ~ 2 个月的支出用度金额**。这部分是可以转入一些流动性好的、可以随时取出的理财产品。一个月下来也能赚点买菜钱。

② **应急备用金账户，可以放进去你 4 个月左右的用度金额，保证现金池合计 6 个月的月消费金额**。这一部分的钱可以用来干什么？比如朋友结婚、亲人急病、孩子满月的礼金就可以用这一部分支出。我们一般要预留 6 个月日常支出的费用，以备不时之需。当然这部分的钱也不能闲着，也可以用来投资一些风险较低、收益稳定的理财产品。

③ 剔除日常开支和应急备用的钱，剩下的就可以放在**理财投资账户**，

这部分就专门用于投资，也比较方便计算投资收益，方便你去做一个资金进出的统计。

理财从来就不是一蹴而就的事情，大家做好计划之后一定要严格执行。还记得我们的水池吗？如果三天打鱼两天晒网，那理财的长期目标是很难实现的。如果做好了这三大账户的规划，以后估计也会相对节制了。

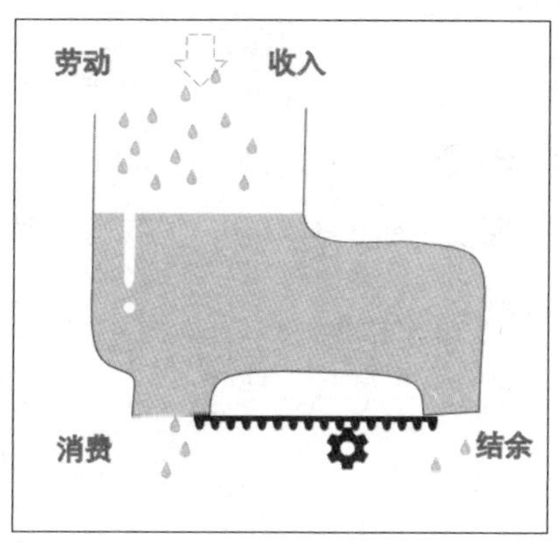

5. 认识市场，你可以投资的有这么多

我们之前讲过，投资上的“不可能三角”主要是指风险、流动性、收益率这三点不可能同时存在又相互牵制的关系。

既然是不可能都占便宜的三角，那我们就从单角度来逐个排列，从风险、流动性、收益率这三个方面来看看现在市场上都有什么东西值得去投资。

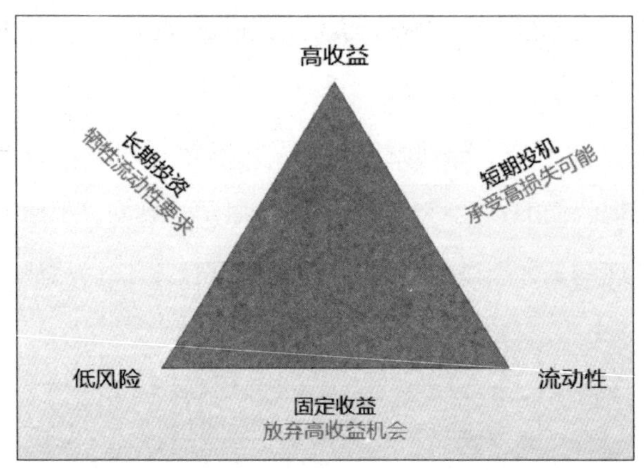

（1）按投资起点排序

在看投资的风险程度之前，先来看一下各类理财产品的投资门槛，对应自己的经济水平考虑一下。

按照投资的起点来分，主要是这样的：

货币基金起点：1 元。

公募基金：100 元。

银行理财产品：根据各家银行的情况而定，一般是 1 000 元起，也有 1 万元 ~5 万元。

互联网的理财产品，各家不太一样，例如京东金融有的 1 000 元起；

国内的 A 股，买入下单数量，必须是 100 股的整数倍，因此买股票的起点股数是 100 股，最低 100 股；

国债逆回购，上海证券交易所是 10 万元起步，深圳交易所是 1 000 元起步；

信托产品和私募产品大部分是 100 万元至 300 万元起；

按照投资的对象来分：主要的投资类型有货币、债券、基金、股票、商品。当然了，更复杂的还有投资期货，或者一些合约，这些暂时我们就不提及了。

（2）按风险高低排序

那接着，我们就按风险从低到高，介绍一下都有什么可以选择的投资标，方便大家按照自己的风险偏好选取家庭投资的重点。根据风险的高低排列，我们可以得出这样一种排列状态：大宗商品＞股票＞基金＞债券＞货币。

一说到风险低的产品，我们首先想到的是银行存款。银行存款其实也是有风险的，这个风险就是银行可能会倒闭。银行倒闭后，存户的钱由央行负责清算。

银行的固定收益类产品风险比较低，自然收益也比较有限。平均收益率为 4%~5%。注意现在银行也有浮动收益类产品，也就是它标称自己历史收益率是多少，都是对未来收益是波动的，不是确认的，请大家购买的时候要注意。

此外，比较受广大年轻人喜欢的低风险产品，就是货币基金了。货币基金整体的收益率在 2%~4% 之间，这个数与基金的管理水平有关系。其实生活中，我们常常接触到货币基金，比如支付宝的余额宝、汇添富的现金宝、苏宁易购的零钱宝、新浪微财富的存钱罐、网易的现金宝，还有微信里面的零钱通，京东的小金库等。

货币基金主要投资的是债券、存单和票据。债券主要是短期国债、信用等级高的商业债券；存单主要是银行的定期存单；票据主要是央行的票据、商业票据。这些投资风险都比较低，安全性高，收益一般可以拿到手。

接下来，风险较低的就是债券。债券是政府、企业、银行等债务人为筹集资金，按照法定程序发行并向债权人承诺于指定日期还本付息的有价证券，也就是常说的国债、金融债和企业债。

债券通常规定有固定的利率，与企业绩效没有直接联系，收益比较稳定，风险较小。此外，在企业破产时，债券持有者享有优先于股票持有者对企业剩余资产的索取权。

信托的门槛一般是 100 万元起，不一定适合所有的投资者。那信托是什么?

给大家举个例子：小明如果想开个包子铺，然而不够钱，于是找了个“包你有钱信托有限公司”来帮他看看，这个公司的负责人老王就是小明多年的兄弟，他知道小明做生意厉害，包子铺稳赚不赔，于是决定帮他做这件事的信托业务，成立一个“包子铺信托产品”，向所有“包你有钱信托公司”的村民募集，这个包子铺以后部分由这个信托产品持股，而且是优先得到分配，而小明就只能作为次级股东。

什么是次级股东呢?

广大村民投给小明的钱，得还；答应给村民们的 7% 利息，得给。包你有钱信托有限公司帮忙处理这么多事，帮忙做那么多跑腿、抵押、风险控制的工作，要收 3% 的费用，银行那边也要付 0.5% 的费用。所以，所谓次级是指，赚了钱之后的利润优先要给村民、包你有钱公司还有银行，剩下才是小明的。

而如果你要投资信托的话，就是把钱交给一个风控能力比较好的机构，帮你物色一个项目，但这个项目不是稳赚不赔的，绝对不是刚性兑付的，只是优先兑付。所以要具备一定的项目识别能力。

风险再往上，一种常见的就是 P2P。P2P 是指个人对个人的借款，平台是把有钱的人和需要钱的人对接起来让他们各取所需，平台来用利息差作为他们的利润。那这里投资者可以选择各种期限，如果有一人愿意接盘的话，没到期也可以转让给别人。

P2P 这个行业跑路率特别高，曾经在 2018 年，近 40 家公司、千亿多资金出事，投资者欲哭无泪。

但是也不能说闻者色变，P2P 行业还是有一些靠谱的平台的，这个就要仔细甄别了。如果你根本不会甄别，那就请不要在一个不适合的时候购买。

什么叫不适合的时候呢?

比如说在 P2P 平台爆雷比较多的时候，就是投资者信心比较差的时候，挤兑风险大幅提升，最好不要在这个时段去参与投资了。

基金是大家比较常见的一种投资方式，门槛最低，在基金公司和银行买基金，申购起点一般是 1 000 元。相比之下，定投所需的最低金额要少得多，一般每次 100~300 元即可。

例如招商银行每月最低申购金额为 300 元，也有每次 200 元或者 100 元的，支付宝等互联网渠道申购金额更低，只需 1 元起购。工薪阶层购买普通的基金是没什么压力的。

基金可以分散个人投资者在股市单打独斗的风险，有组织地把大家的钱集合起来，进行更专业的投资。

基金也分很多种类型，如货币型、债券型、股票型等。

我们之后也会谈到一个非常科学的方法，叫作基金定投[①]。定投的对象最适合的是股票型基金里的指数型基金。

现在市场上很流行一种股权类产品，比如说某大型电商网站在金融板块里就会有股权众筹，它起点高低不同。有几万元起的，也有 100 万元、三五百万元的，这类产品是在投资非上市公司的股权。

我建议初入市场的小白，必须擦亮眼睛去鉴别这些产品的最底层到底是什么。如果是非上市公司的股权，投资回报率必须超过 25% 的预期，而且必须要有严格的合同和工商登记等等的保护。

股票投资，是一种波动率非常高的投资品种。因为市场上面大量的买卖情况决定了每一分钟的价格，所以它的价格是不断波动的，而且需要投入的心力也比较多。

每个理财投资者都有一个股票梦，但是一定要购买自己熟悉的行业、熟悉的股票。充分了解过这家公司的赚钱能力才好下手，盲目跟风的话，可能赚了一时却赚不来长久。

风险最高的就是大宗商品类了。大宗商品是指进入了流通领域，不经零售环节，但有商品属性，大批量买卖的物质商品。比如石油、有色金属等能源商品，基础原材料和农副产品等。其主要特点就是价格波动大、供需量大。

---

① 基金定投，是定期定额投资基金的简称。具体操作是指在固定的时间以固定的金额投资到指定的基金中的行为。

如果买大宗商品类的产品，还要加杠杆（借款）来做，那投资风险就相当大了。如果有 10 万元，加了 10 倍杠杆就代表用了 100 万元在市场上进行投资和博弈。风险和收益是成正比的，高收益意味着高风险。

（3）按流动性排序

如果按照流动性进行分类，产品又是怎么排序的呢？

最差的是股权投资＞固定收益类投资品等＞其他随时可以在市场流通的理财产品

投资一个产品，一定要知道投资的这笔钱是多久不能用的，因为很多理财产品都是有期限的，如果提前赎回来本金上可能会有损失。

在实际操作中，我们发现很多理财者真正买的产品和自己想要的不一样。你以为自己买了个银行理财，但其实就是个保险，如果没到期就取出，可能就会有亏损。

有的投资者以为自己买了个保本高息产品，但其实就是个资金池，随时都有跑路的风险。或者有投资者以为，自己买了个股票类的私募资金，但实际上就是一个天使投资项目为主的项目基金，既不能随时退出，也要看这一堆项目能不能顺利获得收益。

流动性最高的就是银行存款、基金、股票，包括了比较低风险的货币基金，或者高风险的股票基金，随时可以买进卖出。但最大的问题是要保证你买在低点，未来卖出的自由度会更大。因为一般人都不希望卖掉一个亏损的产品，但是亏损到一定程度要记得止损。流动性是你可以取出来的可能性，但不保证你的盈亏。

流动性一般的是固定收益类投资品，比如说银行或者互联网理财产品中 3 个月到 1 年的产品，它们是不到期无法取出来的，而部分 P2P，期限从 3 个月至 10 年不等。这些固定收益类的产品，一定要选择信誉好的机构，因为一旦机构倒闭，负责人携款潜逃，这笔本金是彻底收不回来的。

还有就是债券，债券不比债券基金，债券基金是随时可以买卖赎回的。但是债券，比如国债、企业债等，你只能一直拿着直至到期。通过银行购买，或者通过非流通的渠道购买的，只能是 3 到 5 年之后取出，流动性相当差，适合放置一些你长期不用的闲钱。但是如果买的是一些上市流通的企业债券，倒是可以在股票市场上面进行买卖，需要用钱的时候就可以卖出，它们的流动性比较好。

最后是股权投资，或者一些有锁定期的私募基金投资、信托产品等。股权投资通常是为长期（至少在一年以上）持有一个公司的股票或长期投资的一个公司。这种基本上没个 5 到 7 年，都无法回收，这个投资时要做好心理准备。私募基金如果投资的是股权，锁定期一般也有个 3 到 5 年，当然，你也可以在市场上找到人买你的份额，就可以退出，但是我亲身实践过，事实上私募基金的份额是蛮不容易找到下家接手的，这种包括一些 PE、一些风险投资的股权基金，建议大家一定要谨慎投资。

知道这么多产品之后，不知道你对目前手头上的产品购买有没有一个非常清晰的计划？

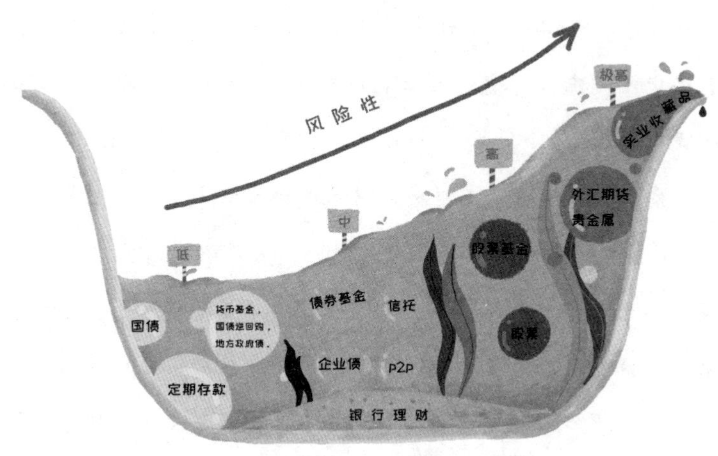

6. 女性防骗，五维分析法帮助你

现在互联网越来越发达，我们遇到的投资项目也越来越多，有人就问了：怎么去看那些人是不是骗子呢？

有时候我们会接到一个电话，对方告诉你，你的淘宝商品没货了要退款，或者是恭喜您中奖了，这种小骗局小伎俩没有什么技术含量。而高端的骗局，都是一些所谓的名人，搞出一些高大上的技巧，让你心甘情愿把钱送进去，最终在美梦破裂的时候输得倾家荡产，甚至陷入万劫不复的境地。

有一天我看到了一个新闻，小张的父亲被神秘兮兮地拉进了一个海外物联网学习群。这个群里号称首批会员免费加入，开盘后就返现3 000元还有8 000倍分红，到了2020年就可以拿2 400万元。一开始老张也觉得可以，但是这个微信群里有数百名的成员，每天还在不断加入新人，群主说因为国家要建立物联网大数据库，首先要加入微信群，并提交自己的真实姓名。同时还需要提交身份证件和其他个人的真实信息。头像要改成银行卡。据说开盘以后会员就要收9 000元入会费了，现在再不加入就错过机会了。

小张发现了父亲最近不对头，深入了解之后才发现这明显是拉人头的骗局，所以他立即制止了她父亲。

按照她父亲的话来说，因为没有开盘，目前只交了一个300元钱的集团电话彩铃费用。但是身份证、银行卡等所有的个人详细信息都已经提交到了这个组织。小张现在特别担心父亲的信息是不是被拿去借了高利贷，所以就直接报了警。

警察也告诉小张，前段时间本地也有过类似的骗局，无非是前面的人骗后面人的钱，而且现在免费送你积分，后期还是要你通过物联网平台消费到了一定额度才能领取，或者是入了多少股才能够取出来。甚至有的人更狠一点，在第一轮骗了钱就跑路。

无论行骗的手法变得如何的隐蔽和高级，但还是万变不离其宗。基本上就这三个步骤：

① 这是一个新玩意儿，但是你不懂。

② 超高收益，不买吃亏。

③ 今天不买，再等一年，马上截止。

如果某项投资或者产品全部符合上述步骤，一般都是骗局。我们回头再来看看老张经历的这个物联网的项目：

新玩意儿你不懂。用互联网技术和虚拟币这两个新概念来包装，标榜自己是新科技。互联网虚拟币这些概念，像老张和群里的这些人有几个是真的懂得其中的道理？很多人只不过是花了一两个小时，查了查百度、知乎就自以为懂得了这些概念，本质上都不知道它是什么。

超高收益不买吃亏。3 000 积分，三年赚 2 400 万元，平均一年赚 266 万元，而且还是无本的生意，可能连抢劫都没有这么赚钱吧。

今天不买再等一年。群主不断拉新人制造危机感，让你觉得再不加入，开盘后可就没有机会了。

还有很多人，真的是只看群主发的链接和假新闻就直接把身份证和银行卡乖乖交给了骗子。

讲完这个虚拟币物联网的案例，再给大家讲一个特别像我们现在 QQ、微信转发赚钱的案例。

戴夫·罗斯是世界上最有名的连环信的始作俑者。20 多年前，第一封格式化的连环信从邮局发出，连环信的标题是“快速赚钱”，信中要求收信人将一定数额的钱寄到信中列出的几个名字名下，然后将这封信复制寄到其他地址。

连环信中许诺，这样做的结果就是用小投资赚大钱，在 60 天内就能赚到 4 万英镑。

这个骗局一听就知道中间利用的就是人们以小博大的心理，完全不符合常理的高收益就是骗局的判断标准。如果这么简单就可以赚到大钱，我相信大部分的底层穷人都不会存在。

再来说说 2018 年的 P2P 骗局。

按照标准 P2P 的流程，每一笔投资人的资金，都要投给指定的，经过风控筛选的借款人。

但是对于很多 P2P 平台而言，一是没有能力找到那么多符合要求的投资标的，二是没有足够的风控能力来辨别那些借款人的好坏（别说他们，就连银行，都经常被骗贷，坏账率常年维持在 1~2 个百分点之间）。

但是，平台眼瞅着很多人眼巴巴地把钱投来了，没有不拿的道理。

没有优质借款人就虚构一个！没有优质企业就虚构一批！

有一家 P2P 平台牛钣金，整个公司都在帮老板做假标准备资料，40 亿元的盘子里 32 亿元是假标。假标的危害很简单，就是因为没有真实的借款人，所以就没有人会支付这笔钱的利息，只能是平台自己支付利息给投资人，这就形成了资金差。平台为了弥补资金差，只能再不停地发新标，不惜一切代价来找到新的资金归还前一批的投资人，就变成了借新还旧，拆东墙补西墙的经典庞氏骗局。

迟早有一天，新筹集的资金不足，就资金流断裂，就会跑路。原理非常简单。所以一切爆雷的平台，有一家算一家，全都是违规搭建资金池的平台或者借新还旧发假标的平台。

在这个骗局里面，首先对于 P2P 平台来说很多人并不知道资金的操作是怎样的，只知道它高收益、高回报，而且总是有一些标的需要抢，还倒计时，不到明天就没了。

这不，但凡有这三个骗局特质的投资品，都存在一定的血本无归的风险。

很多投资骗局，即便是投诉和报警，最终也不太可能挽回损失，还是要自己从源头上识别这些潜在的问题。

我一直坚持一个原则：**不懂投资，坚决不要碰。也许这个产品本身没有问题，但拿去投资可能会失去一次赚钱的机会，但最起码没有任何**

的损失。我们学习投资理财，就是在用理性武装自己，理性的可贵之处就在于客观和冷静。

我们避开金融诈骗的坑，其实是在和人性的弱点博弈。明白每一笔投资的前因后果，明白自己每一笔钱从哪里来到哪里去，这才是保护财富的不二法门。

1.3 理财思维，职场生活都有妙用

1. 玩转信用卡，让银行帮你越刷越有钱

刷信用卡已经成为很多人的习惯，特别是身在职场出差多，不揣着信用卡心里都不踏实。

实际上，用好信用卡，也可以帮我们消费升级，比如说买一件大商品、机票、旅游类比较多，你利用信用卡可以获得大量福利，接送机、免费休息室、开车道路救援，也可以每周来一杯 1 元钱的星巴克。更重要的是，你可以利用信用卡的时间差，赚点小钱，薅银行白白给你的羊毛。

接下来，我准备教你如何玩转信用卡。

（1）学会用积分薅羊毛，让银行帮你赚钱

我们从薅羊毛的方式来分类，看看办理信用卡都有哪些可以赚优惠方法。

第一种薅羊毛方式：累计积分、里程、酒店、车主一些优惠，自己使用。

一般来说，信用卡刷卡，可以积分，可以累计航空公司的里程，也有酒店的一些权益等。

① 积分

现在很多信用卡为了招揽客户，积分都能够换领礼品，或者飞行里程，或者加油卡。那么关键是积分能换到的东西使用必要性有多大?

举个例子，如果招商银行的积分只能换领礼品，而你对那些礼品的需求程度并不大，那完全可以换成飞行里程。从兑换商品价值换算，兑换等值 1 元产品，这几家银行要消费的金额相对比较低，比如工行需消费 365 元、民生需要消费 402 元、中行需要消费 472 元、广发需要消费 478 元。而浦发要消费 1 213 元，光大要消费 2 199 元。当然，这些积分兑换的金额也是时时刻刻会改变的，大家使用之前可以先做一个详细的了解。

通常来说，我们要想兑换一件心仪的产品要花很久的时间，甚至有时还没兑换积分就清零了。从积分有效期看，中行、交行、中信、浦发的积分有效期较短，普通持卡人想用积分换取心仪礼品存在一定难度。此外，有些银行会推出和超市消费挂钩的信用卡，例如 ×× 行沃尔玛卡。大概消费一定的额度，直接返还超市的刷卡金。总体来说，人人都要去超市买东西，如果你家附近正好有一家沃尔玛，那办理这张卡就非常有用了。

另外提醒一句，部分大额消费，例如买房买车消费是不计积分的，一定要注意问清楚开卡行怎么算的。

② 里程

里程足够多其实是可以用来换机票。每一家银行刷卡金额换里程的金额都不太一样，直接看两点就可以：第一，这个信用卡是否可以兑换经常坐的那个航空公司的航班; 第二, 信用卡刷 100 元可以兑换多少里程。然后进行一个排列，就知道办理哪一张卡更加合适了。

③ 酒店

信用卡的酒店权益一般分成三种：折扣、免费入住、贵宾服务。

比如，有的信用卡办理之后直接就可以得到某个酒店集团的金卡资格，订房时能拿到一些折扣。

④ 其他

想要玩转信用卡的车主朋友就要注意了。很多银行的白金信用卡都有一个叫“道路救援服务”的权益。车要是抛锚，就省几百元的拖车费。

第二种方式，各种刷卡返消费甚至返还现金的活动。

现在很多信用卡都会有刷够一定额度，给你返还一个兑换星巴克大杯饮料、9 元钱看电影，甚至真金白银。

第三种方式，通过一些交换平台，把信用卡发放的一些积分优惠兑换成现金。

现在很多信用卡都有刷卡兑换权益的方式，比如信用卡积分可以兑换麦德龙、沃尔玛的刷卡金，如果家附近没有这些超市可以通过市场上一些积分礼品交换的平台，把兑换到的刷卡金卖出去。虽然打了折扣，但是总比放着用不上要好，大家有时间不妨试试看。

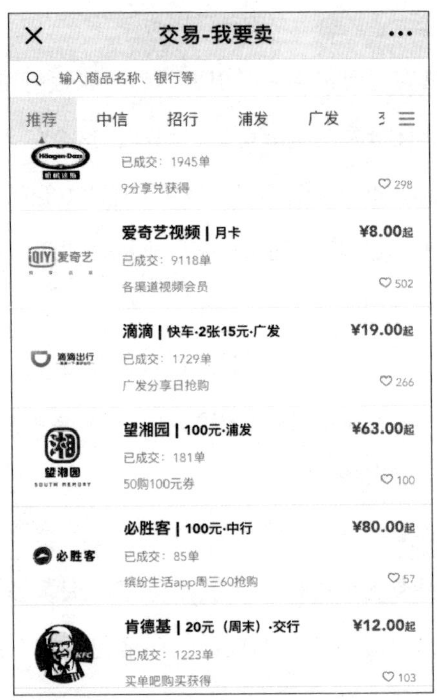

（2）错开还款日，打时间差，买买买还不担心

对于每一张信用卡，有两个日子大家要记住：

第一个是账单日：是指发卡银行每月定期对信用卡账户发生费用汇总的那一天，开始计算当期总欠款金额和最低还款额，以及邮寄对账单的日期。

第二个是还款日：从账单日到这个还款日之间大概有 20 天，银行不收纳利息。从账单日，也就是结算的那一天起至到期还款日之间的日期是免息还款日。

如果你的账单日是 1 号，你在 1 号开始刷卡，就是下个月 1 号才结算，下个月 21 号才需要还款，这中间就有 50 天的免息还款期。

这 50 天大家一定要好好利用，因为你刷卡消费的钱，等于银行替你垫付了，你这 50 天可以用这暂时不用付的钱，去做一些小的投资，例如 30 天的银行固定收益理财，也有年化 4%~5% 的收益，长期积累下来，总的利息也挺可观。

同样是上面的例子，1 号是账单日，如果是在 31 号刷卡，账单第二天就要出了，下个月的 21 号就要还款了，那么免息周期只有 20 天，那免息还款的时段会少了很多。

这就不得不提一下**错开还款日的妙用**了。

如果你有好几张信用卡，还款日分别在每个月的上旬、中旬和下旬，你每个月总是有一张信用卡的还款期，刷卡的时候又隔得比较远，那么你就可以尽情享受不同信用卡的 50 天免息期投资成果。

别小看了这一点点小钱，比如买了一件大商品，刷信用卡花了 3 万元，这个钱你不用立刻归还，手上的工资依然可以投资在 5% 左右的稳妥回报。

另外再附送大家一个**信用卡的使用小技巧**，就是好多信用卡是支持每一年更改一次账单日的。如果偶然之间，你遇到一些大额暂时无法偿还，或是资金周转不灵，那可以使用这个机会修改一下账单口。

举个例子，账单日是 1 月 1 日，1 月 21 日是还款日，你可以选择在 12 月 31 日之前把账单日改到每个月 20 日。那么，下一个账单结束日瞬间变成了 1 月 20 日，还款日也瞬间变成了 2 月 11 日，平白无故多了 20 天的免息还款期。但是一年只有一次机会，一定要用在刀刃上。

（3）如何避开那些常见的信用卡大坑

信用卡作为银行的主要业务之一，也是有很多门道的。下面就来看看信用卡有哪些坑。

① 分期还款

iphone X 刚上市时，很多朋友都脑袋一热，刷信用卡就买了一部。

买的时候 1.2 万元，是眼睛都不会眨一下，买完回家才发现，一时半会儿还不上。于是，你就赶紧向银行申请了分 6 期还款，每期需要还 2 000 元，我们按照招行 6 期每期的手续费 0.75% 来算一算。

是不是听着才零点几，感觉很少的样子。实际上，你借了 1.2 万元，每期你都得归还 2 000 元，本金余额每个月就会减少。但是手续费却每期都是 0.75%，一分钱都不会少，因此你实际支付的利率是远远超过 0.75% × 12 来计算的利率，因为本金 1.2 万全额占款的时间覆盖长度，余额的逐月减少而实际并不足 6 个月，只有一半的时长左右。

这实际的年利率，我就给大家一个简便粗略的公式：

每月的手续费率 ×22= 年化利息率

咱们还是用上面那个例子，每月的手续费率 0.75% × 22=16.5%，才是你支付的实际年利率。要知道，房贷在 2018 年底的标准利率才 4.9%，消费贷款一般来说 1~3 年就是 4.75%，上浮 30%，也就是 6.175%，这个信用卡的分期手续费年化 16.5% 的利率，真的是贵得很！

如果突然拿了一笔奖金，想要提前还款，其实已经并没有什么用，后面分期的手续费还是照收不误，另外还要给提前还款的手续费。

所以，慎重申请分期还款！

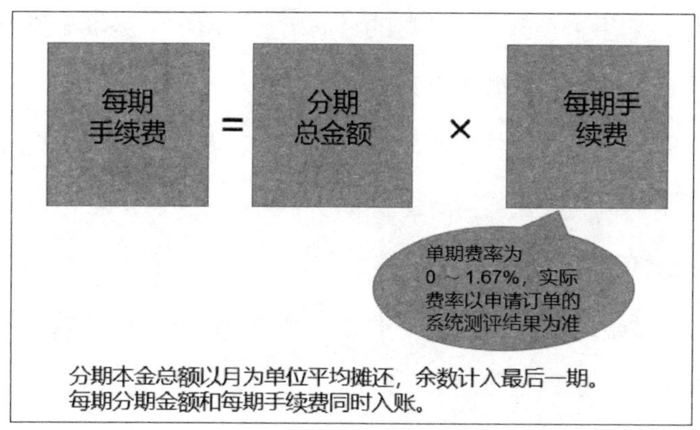

② 全额计息

如果还款日快到了，为了防止不良记录的产生，很多朋友都会采用选择最低还款额还款。

比如说，你的信用卡额度是 10 000 元，当还了 1 000 元的最低还款额度后，额度立马又满格了。

选择了这种方式就等于开始向银行借款了。借款是从消费的那天就开始计算，没有免息期，而且有的银行是会全额计息。

什么叫全额计息呢？就是你已还款的部分，在全部额度未还清之前，仍然算作计息基数。

也就是说，如果借了 12 000 元，还了 11 900 元，还是按全部额度 12 000 元来算利息，每日 0.5‰，也就是年化 18.25%，想想都心疼。

虽然，目前已经有一些银行取消了这项条款，只对未还款部分计收利息，但是建议大家在办理信用卡时，一定要先把那个银行的计算方式搞清楚。

记住，信用卡存款是不计息的！信用卡与储蓄卡是不一样的，存钱不计息，取钱是要收手续费的。

有的银行只是在透支取现才收取手续费，有的银行不透支取现也要收手续费，所以，一定要问清楚发卡行的客服。

③ 不是所有消费都算积分

最后提醒大家的是，不是所有银行信用卡都支持通过微信、支付宝这些通道支付累积积分的。

目前在微信支付刷信用卡可以获得积分的银行并不多，比如中信银行和浦发银行。

而通过支付宝刷信用卡获得积分的银行比微信多得多，可以获得积分的有农行、浦发、华夏、招行等。部分银行也开通了专门针对支付宝网购的淘宝联名信用卡，这些信用卡在支付宝快捷支付的时候是可以获取积分的。

除了微信和支付宝之外，目前常用的在线支付方式还有京东支付、银联支付等。通过京东快捷支付是没有积分的。

银联支付，收款方直接显示是收单的单位，只要收单的那个单位是有积分的，那么这种支付方式就是有积分的。

2. 巧用住房公积金，不买房也能增收 10%

2017 年的 6 月，中华人民共和国住房和城乡建设部发了一个规定，在全国可以实现住房公积金异地办理转移业务。

这就意味着公积金可以实现跨省漫游，从此以后跨省市办理公积金的转移业务再也不用舟车劳顿、两地往返，只需要在转入地就能完成办理，而且还能够同等享受转入地的提取和贷款政策。

对于初出茅庐的职场新人对公积金可能还不太了解，以为不买房子，一辈子就用不到它。

其实公积金还有不少除了买房子之外的用法，不太清楚的小伙伴可以看一下。

（1）认识住房公积金

住房公积金就是我们缴纳的“五险一金”里面的这个“一金”。也就是指单位企业给在职职工缴存的长期住房储备金，它实际上是国家给职工的一项福利。我们每个月缴存多少公积金，公司也是要缴纳相同的金额。

而且这些钱都是进入个人账户上的，也就是说这些钱都是我们自己的，只不过是存在自己的公积金账户里。公积金可以抵扣个税，相当于变相加了工资！

各地公积金缴存的基数和比例是不一样的，首先说比例，它是 5%~12% 不等，比如上海的缴存比例是 7%，深圳则是浮动的 5%~20%。其次是缴存基数的限制，公积金缴存基数最高不超过当年上一年度平均工资的 3 倍。

也就是说，即使你月收入上万，但是当地上一年度平均 3 000 元的工资，最多按照 9 000 元的基础封顶。这个基数每年调整一次，一般在调整后，才会对所交的公积金基数进行调整。

当我们在查看工资单时，如果发现公积金缴存金额没有我们想象的高，不妨问一问人事部门自己的缴存基数是多少。如果你发现自己明明工资上涨了，但是公积金缴存额却没有增加，那么有可能是：

① 你还没有到下一个公积金缴存基数上报的时间点；②你的公积金缴存基数已经封顶了。

（2）公积金都可以怎么用

最常见的第一种用法，是通过购房提取公积金。公积金缴存一定时间后，一般是 12 个月，你在买房后就可以拿着购房合同去公积金中心办理提取手续。

虽然理论上公积金可以提取，但在实际操作中，因为提取公积金必须要用到购房合同，而购房合同得先支付购房款才能签订，所以公积金不能直接用作购房首付，得先垫付再提取。

第二种用法，是申请公积金贷款。和商业贷款相比，公积金贷款的利率比较低，现在五年期以上的商业贷款利率是 4.9%，而公积金贷款利率只有 3.25%。

第三种用法未必是人人都知道的，那就是可以提取父母、配偶的公积金购房。

目前大部分地区的公积金管理中心都出台了直系亲属之间可以互相提取公积金买房的政策。也就是说如果你的公积金不够买房，但是父母的公积金缴存额足够，那么就可以用自己的名义买房，提取父母的公积金来付房款，但是房本上必须有父母的名字。

如果是配偶，可以相互提取。

举个例子，假设峰峰和花花结婚了，什么情况下他们可以提取亲属的公积金呢？

无论房本写着峰峰、花花单个人的名字，还是峰峰和花花两个人的名字，他们都是可以相互提取彼此的公积金的。但是如果要提取峰峰父亲或者母亲的公积金，就必须在房本上有峰峰父母的其中一方的名字。

第四种用法，租房也可以用公积金了。以前提取公积金交房租非常麻烦，现在为了方便年轻人租房，不少地区都简化了公积金提取手续。以北京为例，只需要提交提取申请书、身份证、无自有住房证明、提取住房公积金支付房租承诺授权书和结婚证就可以。

第五种用法，就是公积金可以用来看病。但这个病不是指平常的头疼感冒，而是指特殊的重大疾病，看病的不一定非得是本人，也可以是家庭成员，包括你的配偶和子女。

然而，每个地方对重大疾病的规定，以及提取的手续规定都不一样，最初这个做法的推广地是青海，为了帮助广大群众解决看病难的问题，率先推出公积金可以作为重大疾病治疗提取的措施。

后来，很多省、自治区、直辖市也有了这项政策，比如深圳规定有九类重大疾病或重大手术可以提取公积金来治疗，包括恶性肿瘤、慢性肾衰竭、重大器官移植手术、主动脉手术等。人家可以咨询当地的公积金中心。

第六种用法，是公积金余额可以继承。公积金是可以作为遗产来分配的，如果缴存人去世，他的继承人或受遗赠人，可以提取公积金账户余额。如果恰好缴存人没有继承人，也没有受遗赠人，那么公积金的余额就会被纳入当地的住房公积金总额中，作为增值收益。

总之，住房公积金是自己的一笔私人财富，与买房、租房、看病，甚至今后子女的生活都息息相关，所以一定要引起重视，为自己争取更多的缴存额，而且尽量不要断缴。

（3）关于公积金的小提醒

提醒 1：

建议大家有空的话，就应该定期查查自己的公积金，看看缴纳金额和工资单上扣除金额是否一致，查查公司有没有按时给你缴纳等。查询方法很方便，比如用微信在钱包—城市服务下面就能找到公积金。

我有一个朋友，从来没有关心过“五险一金”这种事情，直到最近想要离职，才发现公司压根儿就没给他交过，再与公司商量无果后，最近陷入了仲裁阶段，非常麻烦。

涉及自己切身利益的事情，大家还是要多留意一下。作为单位不交五险一金是违法的，如果逾期不办理，就会收到应交数额三倍以上五倍以下的罚款通知。

提醒 2：

有些朋友问，我现在不想买房，可是如果我过几年想买房怎么办？现在用里面的钱会不会影响以后的额度？这当然会，一般来说账户金额越多，你的贷款额度也越多，所以近期有计划要买房的小伙伴，要自己提前规划好，不要给未来买房带来麻烦。

提醒 3：

各地的政策可能有些不同，在真正的实际操作中，还是要提前咨询有关部门，比如查询公积金的当地官网，或者是拨打全国住房公积金热线去咨询。

3. 这些开源方式，每月收入轻松翻倍

我们前面讲过，只靠固定工资，实现财务自由将会是一个非常缓慢的过程。如果你下班后有时间，那么有两种增加自己收入（下面简称为增收）的方式：

① 把时间投入积累个人价值的项目中，比如学习、考证、考研、阅读、拓宽视野和认知，通过提高自己的能力来提高自己的收入。

② 把时间投入到积累金钱的过程中，加快原始积累的速度，尽快赚到能理财的第一桶金，也就是俗话说的开源。

投资大师查理·芒格说过："找出你最擅长的事情，然后持之以恒、乐此不疲地去把它做好。"

下班后增收的工作，无非就是兼职。虽然不比全职的工作，需要付出大量的时间和精力，但是要开始一份兼职，也是要对时间进行管理和规划的。

首先，对待兼职，要有一个认真的态度。不然以后不会再有雇主聘请你；其次，这件事不能占据你太多的时间，以至于自己的生活完全处于一种高压的状态，失去平衡。这就背离了兼职的本质，兼职最大的特点就是工作地点不受限制，也不需要固定时间就能完成，而你又力所能及。

下面，我们就从四个方面来看看，身边有哪些机会和途径可以增收。

（1）资源类：房子、车子、人际关系（朋友圈）

首先，我们可以利用手上现有的资源，通过资源的再利用来换钱。

第一，房子。

除了自住，我们如何用房子挣点零花钱呢？

首先，可以考虑短租。我们现在出门旅行居住的方式特别多，而且倾向于特色，比如一些民宿，或是温馨有特色的网红小家，做个潇洒自由的沙发客。如果你的房子地段特别好，比如在一些小众的景点、地铁、医院或者是考试定点的学校附近，这时候就可以考虑把杂物间腾出来，稍微装修一下，按天 / 按周 / 按月租出去，将是一笔不错的收益。

其次，如果你爱养狗或猫，可以做宠物寄养的兼职。这一点，只要你的房东同意，在出租房里就可以实现。很多城市白领逢年过节或外出办事，会有不方便的时候，家里的宠物需要暂时看护，这时借助一些宠物看管的 App 就可以轻松找到这样的工作，一般情况下是每天 40~100 元，正常情况宠物主人一次都会寄养 3 天以上，而你需要做的就是把它们看护好。

第二，车。

如果你有自己的车，做个网约车司机，也是一种开源。如果你不想注册成为一个被人束缚的网约车司机，可以从身边邻居或小区里面入手。跑一条线，或者是空闲时候当购物跑腿（帮他人代购），慢慢积累自己的用户群。比如说，你每周都有去某个超市采购的习惯，顺路经过的地铁站或者是商圈就是一条线，你可以给邻居捎带物品或者代购物品，每周发车一趟也可以补贴油费。

第三，人际关系资源。

说到人际关系，我们肯定就会想到朋友圈了。如果你有意识，就可以把朋友圈当作自媒体运营。

比如开个微店，连接供应商和自己的圈子朋友，做个高质量注重体验的品牌微商，每天在朋友圈分享不错的产品，带着分享的初衷出发，通过推荐靠谱的产品从而获得收入。比如现在有一些 App，已经支持把商品一键直接转发到朋友圈，货源直接在 App 上就可以获得，将其转发到朋友圈就可以赚钱，何乐不为呢？

此外，更为普遍的是知识商品的转发赚钱。经常关注微课的小伙伴，不难发现现在做知识付费的平台，右上角会有一个“分享赚 ×× 元”的按钮，如果分享到群或者朋友圈，就可以赚到一些钱。这种是平台拉新用户的方法，所以也是用朋友圈赚钱开源的一种方式。

另外，也可以加入一些相关的知识圈子和群体获取关注，同样积累更多的人际关系。分享专业垂直领域的课程，前期通过课程的活动获取部分的分销收入，后期可以直接和课程分发的渠道达成合作，比如保险、广告策划、文案写作等。

（2）专业类：运营、平面设计、会计报税

我们把手上的资源充分利用了，接下来在自己工作的领域来挖掘一些更多的机会。

都说，专业的事要交给专业的人来做。我们在完成本职工作的同时，也可以精进一下。一方面，提高了自己的专业水平，在工作中表现得更加出色，获取更高的主动收入；另一方面，考虑机会成本，转行的成本是很大的，一切都要从零开始，这一点在兼职上也是一样的。

比如，我会用 PS 软件，那我在上班时可能需要做 5 张海报，那我再接一份兼职，需要做一张海报，那就是一件轻车熟路的事了？

这些轻松利用碎片时间做的兼职都有哪些呢？

① 社群运营

这个专业性相比其他来说没有那么高，上手也比较快，社群运营的方法也是可复制的。

知识付费时代，课程平台非常非常多。市场上的课程多了，那相应的需要运营社群的人也特别紧缺，特别是有专业能力的。我们从百度招聘的最新信息中发现，一个全职的社群运营实习生的收入最少在 2 000~4 000 元之间，最高的月收入可达 12 000~20 000 元不等。这个岗位的工作重点是社群打卡、社群促活、督促作业、提醒上课、分享内容等，也有一些是销售型的助手。

一些长期的训练营有一个月到一年不等。每个月群主会用 500~1 000 元的工资招聘助手。虽然不多，但如果你同时兼着几个社群的工作，再加上课程或者一些商品的分成，收入就很可观了。

特别要提醒一点，虽然是兼职，但请不要用你的通用简历，一定要附上你参加的一些运营社群的课程或者运营的方案，通过率会更高。

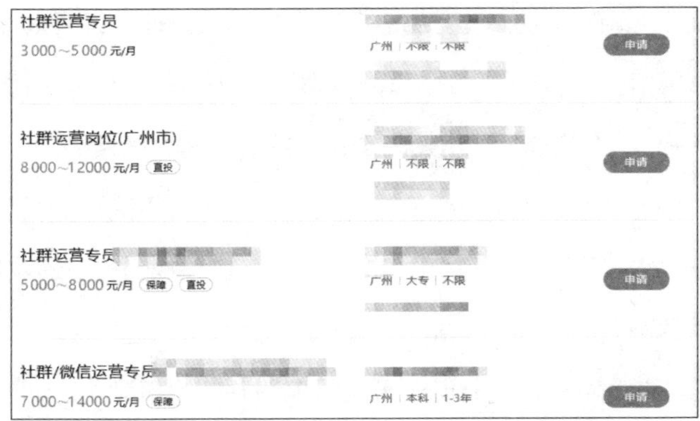

② 各种设计工作

这个专业能力可以发展出特别多的工作内容，比如LOGO设计，按市场的价格来看，一般设计一个LOGO为500~2 000元不等，特别是一些小的游戏公司和电商平台，在宣发上面没有固定人员，需求量还是很大的。

正在发展中的电商和课程平台都是找兼职来完成一些设计的工作。就一个电商平台来看，产品修图、宣传海报、详情页面的设计都是刚需。海报100~500元不等，如果有固定的几个平台合作，每个月接上几单，或者是在周末批量处理产品图片，收入还是很可观的。

此外，还可以找当地的一些婚纱摄影合作。如果你会网站建设、动漫设计、软件开发，那收入空间就更大了。

现在很多QQ群都有设计师接单群，如果你希望找到这样的工作，在一些兼职平台或者QQ群里“走”一圈，靠专业能力一定可以赚到钱。

③ 代理记账

会计代理注册公司和记账报税。这一点就特别适合会计审计专业的朋友，完全属于自己的业务能力范围。现在注册公司，记账报税等各种手续非常冗杂，而且往往没有那么多时间自己去办理。但是对你来说可能不难，本职工作也需要经常报税，和银行、税务局的工作人员比较熟悉，跑几次下来，整个流程都非常熟悉了，花费的时间也就减少了。

代办服务费几百到几千元不等，还可以进一步系统化，找几个同专业的朋友一起发展，利用网络更快捷的渠道，可以找到更多的业务。

（3）爱好类：写作、摄影

工作的最高境界就是做自己喜欢的事情并获得报酬。比如说，你是一个狂热的健身爱好者，自己也研究出一些皮毛了，那是不是可以加入附近的健身房，发展成一个业余教练呢？如果你画画特别厉害，也可以考虑应聘一些教育机构兴趣班，教教小朋友。或者你喜欢自己做做真材实料健康的小饼干、辣椒酱、牛轧糖也可以多做一点，借助朋友圈发展发展。在周末的时候，做自己喜欢的事情，还能获取一笔不错的收益。

这里给大家讲两个普遍能赚钱的爱好。

首先是写作。

如果是你对文字特别感兴趣，从日常的笔记开始。或者比较喜欢在平台发表自己的观点，当个 KOL（关键意见领袖），那么可以先从知乎、简书、公众号、今日头条等渠道入手。

好的写手是每个平台都争着抢着要的。如果能专注于专业的领域和特定的垂直方向持续输出，成为签约作者，不仅每月有稳定的一笔收入，名声也会水涨船高的。有的写作者，一年的稿费达 20 万元是不是觉得有点不可思议呢！

除了长期输出内容赚取稿费之外，我们还可以写营销文案，或者是和一些公司、电商平台合作写写商品的详情页面。一个很普通的商品包装文案至今也能挣 200~400 元钱。

如果你的文案转化率特别好，长期兼职下去就可能成为一个非常厉害的营销文案写手，一篇文案就能卖到 5 000~1 0000 元不等，甚至有的是根据商品销售额提成的。所以文案研究得好，绝对是一个非常高薪的兼职。

其次是摄影。

有些朋友会有摄影的爱好，从日常的分享作品开始，精进自己的摄影水平和 PS 技术，给大家形成一个“要拍照就找我”的想法。

一开始可能会吸引一批同样对摄影感兴趣的朋友，慢慢也会有朋友找上门约拍，从免费到收费满满赚取收益。

我们日常拍的证件照只要 8 元钱，但是“最美证件照”可以开价到 100 元，甚至更高，而证件照的成本是很低的。如果你在学校附近工作，还可以建立自己的工作室，每逢毕业季，也可以跟拍，800~2 000 元不等的收入就可以赚到了。

现代社会，分工越来越细，除满足基本需求外，剩余的只会越来越多，只要你能提供足够好甚至只要比一般的好一点点的产品和服务，就会有一定的商机。哪怕看起来特别小的兴趣爱好，只要你在上面花的时间足够多，用心去思考和勤加练习，也许某一天，它就变成了你赖以生活的特长和专业。

（4）其他：淘金 App

大家有没有想过，地图类 App 是怎么做到把每一个商家位置都标注得那么准确的呢？

这么庞大的体系也不能单靠公司自己的员工去完成，而且这些商家也是经常是有变动的。这个时候，机会来了，下载好地图淘金 App 后打开就会看到你所在地区周围有很多小圆圈，每一个圆圈上面都标注了几元钱，继续点击便可以看到具体的拍摄任务，有时候是一家门店，有时候是一条街景。

你可以周末骑上共享单车，逛街、锻炼身体的同时又赚到了零花钱。

4. 买房还是租房，一个公式教你算

说到理财思维的应用，这里给大家分享一个特别实际的案例。

比如现在困扰我们大多数年轻人的问题就是：买房还是租房？

其实，按照大部分人的情况，都是期望买房子，因为这样会有一种安全感，不会被房东赶走，也能按照自己的喜好去装修，更重要的是，很多人会认为房子买了就是自己的。而租房就是每个月得拿出一笔钱给房东，不拿就要面临被赶的窘况。

有的小伙伴对买房和租房有一定的误解，那么到底哪个更划算。

（1）一个必须纠正的盲点：买房子也是有费用的

事实上买房和租房都是有费用的。这不但是指购买的时候，一大笔的契税、土地增值税、房屋维修基金，以及如果是二手房的话可能要承担原来业主的增值税和个人所得税，还有买房子之后，其实每个月都在承担着一个机会成本的损失，以及贷款的利息。

先来算一笔账：

如果一个房子价值 500 万元，我们支付了 200 万元首付，然后月供 2 万元。那么，你首先失去了 200 万元去投资而获得收益的机会成本。

首付越多，成本就越高，而且是固定不变的，直到你变卖房产为止。

然后，余下的 300 万元，每个月还要承担利息，按 2018 年的商业贷款利率 4.9%，20 年来计算，一共要支付 17 万多的利息。

你在房子上能有什么收益呢？

主要来自房价上涨的收益，以及出租的收益，所谓出租收益，是指你买了房子不需要租房而节省的租金。

假如房价每年涨 5%，那你每年可以额外得到 25 万元，基本上和你的机会成本 + 利息持平了，这个买卖就算划得来。

这也就是说，当你买的房子用于自住，你应该这么打算：

买房的收益 = 每年房子上涨带来的增益 25 万元 + 节省的租金成本 5 万元

买房的成本 = 每年因为房子占用首付资金失去的机会成本 12 万元 - 每年贷款支付的利息 15 万元。

如果，你的买房收益减去你的买房成本是正数的话，这个买房子的决定基本上是符合经济学要求的。

经过这么一衡量，你会发现原来租房子和买房子还真的不是一味执拗就可以了。凡事经过量化，才能得到一个比较理性的决策。

（2）决策买或租的具体步骤

第一步，请问自己：买房是自住需求吗？

其实无论是为了婚房、改善住房、学区房、安居落户或者是其他自住需求，在买房这件事情上，更多考虑的应该是房子的朝向、间隔、装修、大小和个性化的需求。

第二步，请问自己：目前的一些理财投资，投资收益率是多少？

第三步，调查一下自己所在的城市以及想购买房子的那个区域，过去五年的房价波动情况。

获得途径可以找统计局的相关数据，关注房管局的成交备案价、申请预售价格等，不少地区都有区域性的房产门户网站，一些专业的线下中介往往藏着不少的数据可以关注，但注意这些数据要多比对，这里往往有较多虚假数据。

对于如何去调研一个地区的房价，我这里给大家 6 个非常有用的干货步骤。

第一步，调研一个地区的房价走势。可以查房价网、安居客，做一个靠谱的数据跟踪。

第二步，要到实地查核一下二手中介的报价情况。查核是否真的和一些中介网上报价一致 ，有时候，网上的报价都是中介用来吸引客户用的，他们的房源未必是真实的。

第三步，要查一下小区周边的道路规划情况，以及未来通地铁、通高铁、建设新开发区的情况。这些都会影响所购房子选哪个朝向，选什么楼层。

第四步，调查你的城市，以及想购买房子的那个区，房屋出租的平均租金是多少。

第五步，你的能力和资源也不是无限的，因此你要考虑一下资金的总投入是多少。

也就是说，根据自己的资产、收入提升情况的预估，以及家人可能提供的帮助等情况考虑自己是否有可能支付全款。如果采用分期付款，一旦出现中途没法支付的情况，会给自己造成非常大的压力。

比如说，你有 30 万元存款，首付需要 100 万元，还差 70 万元，获得这额外 70 万元贷款的可能性又有多大？通过信用贷款、朋友贷款、父母借款等方式能凑齐吗？

最后一步，问一下自己，未来 5 年的收入能否支撑房贷负担的问题以及是否愿意承担这笔负债。

如果你的收入增加、负债比例能够在五年内维持在正常水平，目前的负债压力只是轻度影响你的生活质量，依然可以考虑买房。

讨论这个问题，主要是明确自己能够有多少资金买房，同时又不让自己陷入被动的局面，而这个首付金额就从很大程度上影响了我们具体选房的条件。

很多人，为了让自己未来少背负一点债务，就会选择多付一点首付。实质上，这个行为本身是有很大的机会成本的。因为首付是不会逐年减少的，不像负债，还了一点就会少一点，利息也会逐年降低。

从理财的角度来说，首付支付得越多，你失去的机会成本越多。

所以，建议大家要考虑清楚自己的投资收益情况，假如有比较稳妥的投资渠道，就没有必要支付太多的首付，宁愿背负一点负债，获得本金进行投资。因为房贷是每月偿还，它的利息成本是不断在下降的。

看完这些之后，相信你对自己现阶段应该买房还是租房会有一个清楚的、理性的、可量化的决策依据。

第 2 章

新婚夫妻，如何进阶打理家庭财富

说完了单身人士，我们来看看新婚夫妻的理财规划。

买车买房的计划要提上日程，家庭支柱的保险也要考虑，更关键的是，如何让财产跑过通货膨胀实现增值，风险低，回报高，这样的理财产品真的有吗？答案是肯定的。

在这一章里，你能学到货币基金的选择方法，互联网理财产品的正确识别，规避有爆雷风险的 P2P 产品。

作为家庭的主要支柱，如何多快好省地攒下一笔财富？相信你能有不小的收获。

2.1 趁着年轻，学习做自己的基金经理

1. 认知数据，新闻里藏着投资门道

我们经常看新闻联播，可是很少人知道新闻里也有很多投资门道，这是少数人知道的投资法宝。除了新闻联播之外，还有不少人会依赖报纸，现在信息发达了，我们还可以从财经网站和微博获取更多投资信息。

（1）关注各种新闻和经济信息

为什么我们要关注各种新闻和经济信息呢？做投资不是只要看看 K 线图做数据分析就能搞定一切吗？

你会发现，我们常常会在电视上看到很多分析师都会对宏观经济数据讲得倒背如流。宏观经济首先能够回答一个重要的问题，也是我们投资中常常碰到的大决策：到底哪个国家、哪个行业更有稳定长期的增长力。

在中国经济增长的速度下，各种产业升级方向的投资还是很多机会的。最近几年反复涌现的投资机会包括文化娱乐产业、消费升级机会都跟城市化进程以及人们越来越重视的生活质量有关系。

但美国的增长已经放缓了，而且经济达到了较高的水平，也就是说它在高位，因此快速投资增长的机会不会此起彼伏地涌现，而会集中在一些创新度比较高的、保持可持续发展的行业。

通过新闻除了可以了解一个国家的发展外，还能了解很多国家最新的政治政策。

大家都知道，政治和经济是不分家的。很多国家的政策直接会影响局部经济的发展。

比如，国家 2017 年 3 月出台了对雄安地区的发展政策，致使雄安地区的房价一度疯狂上涨，雄安地区的概念股当时也一直处于上涨态势，所以我们要通过新闻来了解未来经济的发展。

让我们来看看中央每年都要开哪些跟经济特别相关的会议呢？

第一个是每年一次的全国人民代表大会，这个是要确立未来 5 年国家的政治格局的会议；然后是 5 年一次的中国共产党全国代表大会，还有每年都会召开的中央经济工作会议，一些的例如 G20 峰会等国际峰会，都对经济走向会有一定的影响。

其中，中央经济工作会议可以说是一整年经济工作的总指挥，这也是非常重要的一个会议。

那这个会议应该怎么解读呢？这里教大家 3 种解读的方法：

① 抓关键词、热点

每一年的会议纪要动辄都十几页纸，核心是要看关键词。例如，2016 年的关键词就是供给侧结构性改革、创新创业、去库存、去产能、去杠杆等；2017 年的关键词是人工智能、半导体等；2018 年的关键词是人工智能、工业互联网、物联网等；2019 年的关键词是金融风险有效防控、供给侧结构性改革继续深化等。这些词就算不懂，也要学着去了解它们的含义。

② 听会议的“首次提到”

一般来说中央经济工作会议首次提到的概念，就是当年进入大家视野里面新的概念，都是非常值得留意的。

例如，2017 年人工智能首次进入中央经济工作会议的讨论范畴，2017 年“坚决打击违法违规金融活动”这串词汇非常显眼地进入了我们的视野，这就在提醒大家以后买理财产品不能再像以前那么随意了，要学会如何防范风险。

③ 横跨五年看发展主线

最近三年，供给侧结构性改革一直是强调的重点，这个词听着比较难理解。

所谓供给侧结构性改革，就是要提高供给消费者的产品质量和数量，这样就可以让那些过剩的产能去掉，让企业真正盈利并创造价值，调整经济结构。

这里用 2018 年的中央经济工作会议作为例子，给大家解读一下从中了解到的投资信息：

首先，此次会议强调了稳定的金融系统，也就是金融改革概念的股票或者基金，会受到一定的影响，例如银行、证券公司、保险业。

其次，供给侧结构性改革被重点强调，那么一切和美好生活有关的消费，例如医药生物、休闲旅游、消费类产品以及传媒类产业都会得到一定的发展。

（2）留意经济指标

此外，我们平时需要留意什么经济指标呢？

首先是一个宏观经济指标：GDP 和人均 GDP。这两个数据的增幅，反映国家的经济发展情况。人均 GDP 反映了人们的购买力，当一个国家的人均 GDP 不断提高，那消费升级、商品换代就是必然事件。

还有一个指标叫作 CPI，也就是居民消费价格指数，是用来衡量通货膨胀的一个非常重要的指标。

CPI 上涨不仅代表着猪肉贵了，还代表着消费类股票将会受益，例如，商品类和食品酿酒类的这些股票基金，就可以放在重点关注的名单里了。

（3）留意利息走向

首先，利率货币在一定时期内的使用费，是用来调控市场上大家的投资意愿和储蓄意愿的，如果银行的利率高了，市场上愿意借钱来做投资的人就会减少，更多人会愿意把钱放到银行里面。这意味着，政府其实是在相对地收紧整个投资市场，一些较高风险的投资很可能就会少了很多活跃交易，可能是时候抛一点了。

此外，市场利率也是和债券的价格挂钩的。利率越低，债券越值钱。这是怎样一个原理呢?

假设一个新债券发行，按 100 元本金出售，这个债券的票面利率假如是 5%，那这个 5% 就是市场上债券的最新市场利率。

以前发行的还在二级市场上流通的债券，如果那些债券的票面利率低于 5%，就必须降价才会有人买。也就是说，这个债券销售的过程中，就不能以面值 100 元销售了，可能要降低到 99 元，或者是 95 元，甚至更低。但是如果以前发行的债券利率很高，有 10%，那它的价格必然高于面值 100 元，因为它的利率比较高，即使价格为 101 元，或者 102 元，相信还是会有人买的。

对于一个不想做韭菜的投资者来说，学一些基本的宏观经济知识是非常必要的。只有读懂宏观经济指标，才能做到不胡乱跟风，不随便亏钱。

2. 保本策略，配置一份不亏钱的投资组合

一直以来，我跟自己的理财学员交流时，一部分学员会问我："老师我知道了市场上有那么多投资品，我也给自己的资产做了比例分配，然而我依然不知道怎么挑选。"

这个问题就好像，你的面前有 10 种口味的雪糕，然后让你挑一个，可是你既喜欢巧克力的醇厚，又喜欢香草的清甜，这该如何挑选呢？

事实上，你眼前放着的这些雪糕，是可以组合起来的，形成一个适合你风格的"香蕉船"。

这里给大家介绍一个保本策略组合。如果你是一个相对保守的投资者，想用一些投资品组合在自己的目标池，大概目标是：不用赚太多的大钱，只要这部分钱能保本，并且有一定的稳定收益就好。

（1）什么是组合投资

通俗来说，就是把鸡蛋放在不同的篮子里，主要是为了在一定的风险偏好下，组合的几种投资，可以实现组合收益的最大化。

就好像我们去找中医开感冒药。例如你因上火致使感冒，医生会开一些清凉的药——黄连、黄双花、大青叶、板蓝根等。但是，太清凉了会让身体受不了，所以医生又会对应开一些中和的药物，使得某些清凉

的中药药效稍微降低。所以，中药里面有寒、凉、温、热四种性质，就好像我们的投资品有风险高、中、低几种等级，将它们合理组合起来，才是最适合你的。

有一味药特别适合保守型的投资者——就是保本策略。

（2）保本策略的由来

保本策略起源于 20 世纪 80 年代的美国人寿保险业，传入亚洲后，1998 年之后在中国香港地区盛行。2003 年，南方避险基金开始发行，保本策略在内地开始传播。

20 世纪 70 年代美国经历了两次石油危机，道琼斯指数（下面简称：道指）10 年无涨幅；20 世纪 80 年代保本策略提出；1998 年亚洲金融危机，恒生指数 1 年跌幅达到了 60%，之后中国香港地区保本基金开始井喷式发行；中国内地从 2001 年中至 2002 年底，一年半 A 股跌幅 40%，2003 年 6 月，保本基金就出现了。

（3）保本策略怎么实现“保本”

假设你有 100 万元，留出 2 万元，去买风险较高的股票，剩下 98 万元投资于年利率为 4%（也就是说半年利率 2%）的货币基金。

到了半年后，98 万元 ×（1+2%）=99.96 近 100 万元，你的本就保住了。

用于投资高风险资产的那 2 万有 2 种情况发生：

一是 2 万元全部亏光，价值归零，但整体上你的总资产依然是 100 万元，实现保本；

二是 2 万元变成了 *N* 万元，此时你除了保本外，还获得了额外的收益。

这种方法，本质上是像一个撑竿跳高运动员一样，给他设置一个安全垫，再给他一个撑竿。安全垫让他能支撑着他安全落地，而撑竿给了他一个向上一跃的可能。

（4）保本策略怎么做

一个刚入门的人如何去用保本策略，制定一个属于自己的保本基金呢?

假设现在有银行理财产品 A，年化收益固定是 5%。还有股票 B，年化收益是浮动的，上下 20%。

我们现在有 100 万元的投资金额，而你只求一个年收益率为 8% 的结果。应该怎么操作呢?

首先，把 80% 的钱放在固定收益产品里或者货币基金里，即例子中的 A 产品，也就是 80 万元，年化收益率固定是 5%，一年能赚 4 万元，也就是说，84 万元是稳稳到手的。

那另外 20 万元用于投资股票，即例子中的 B 产品，如果是亏 20% 的话，就是亏了 4 万元，剩下 16 万元，两个产品加起来还是 100 万元，这一年几乎没有赚到什么收益。

只有当 B 产品赚到 20% 的收益，整体 100 万元才能实现 8% 的年化收益率。

所以，要实现自己保本，并有可能年化收益率 8% 这个目标，股票类投资品的止损就在 20% 这条线，止盈也是在 20% 这条线。上下 20% 就是止损止盈线。

做股票、做基金，最关键还是记住三个字：守纪律。也就是说要做到不贪婪、不恐惧、心中有数，本质上还是要靠目标设置。一切行为都围绕着收益目标进行。

（5）如何落地实操保本策略

在实操过程中，应该怎么去操作保本策略呢？

① 定义保本百分比

大家一定要知道自己能承受的风险亏损是多少。如果偏保守，可以定义更高的安全垫；如果可接受的风险比较高，可以定义低一点的安全垫，这样形成的投资组合的风险和收益的比例是不一样的。

当然这个百分比有一个非常复杂的计算公式，这里不做展开讲解。只给出一个结论：

建议大家可以定义 70%~95% 的安全垫，如果定 95%，基本上是 100% 保本，因为 5% 的固定收益产品还是比较容易买到的。

② 定义回报预期

回报预期，需要根据市场来决定，例如，前几年，银行产品理财年化收益率可以达到 6% 左右，现在是 4% 左右。所以要确定不同市场下你的安全垫部分的收益能有多少，来设定你的投资收益的回报预期。

相信大家都很好奇保本基金过往的表现。这里用中证保险混合型指数参考看一下这个基金走势，浅灰色是保本基金，深灰色是债券基金，黑色线为上证 50 挂钩的指数基金走势（见下图）。从图中会发现一个规律：浅灰色线，也就是保本基金的收益率比债券基金好而且稳定，但是绝对比黑色线（股票型基金）平稳。也就是说，保本基金比较好地实现了一个风险偏好较低的人稳定增值的目标。

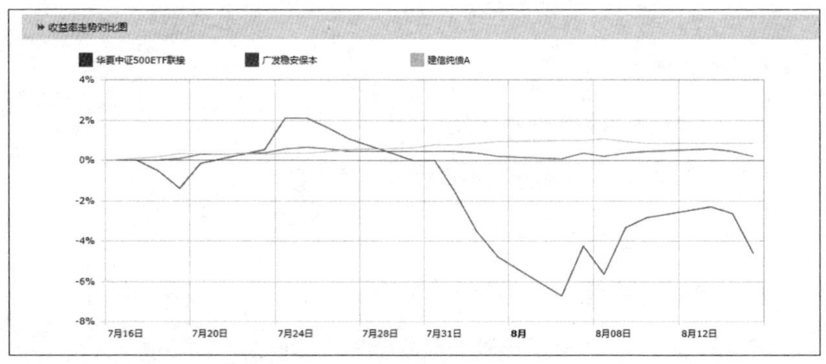

③ 算清楚风险资产部分的波动范围

做保本策略时，其实是要计算那部分风险的资产，高的时候会有多高，低的时候会有多低。在不同市场下做保本策略，要明白市场可能会跌多少，例如像美股跌 18%，沪指跌 56%，国债的波动是 2.6%，黄金波动 19%（见下图）。

这样就会知道，根据投资风险资产波动范围，来判定配置 80% 的安全垫，是否足以抵消它的风险，自己的止盈止损点应该怎样设置。

各资产类别长期表现		
类别	收益（年化）	波动(月线)
美股（1927 年至今）	5.59%	18%
沪指（1990 年至今）	13.02%	56%
上证国债（2003 年至今）	3.34%	2.60%
黄金（1920 年至今）	4.68%	19%

④ 定时间，是一年保本策略还是两年或三年

如果你不是求一年保本，而是给自己 2~3 年的时间，每年 6% 的回报预期（但是三年不能使用这个钱），那你的投资空间就相对比较大，也可以把你的安全垫，投资在一些时间更长，但收益更高的产品上面。

例如，你投资了债券基金，因债券也是有波动的，中途如果有一年不能够覆盖保本，你不用着急，因为有些回报可能是过两年才会实现。

现在，保本基金改为“避险策略基金”，背后的配置法则，对于初入投资理财这个新世界的人来说还是很有教育意义的。因为它本质上是在做一件事：股债平衡。

市场上的保本策略，其实就是利用股债平衡的方式，既控制风险达到保本的效果，同时又希望在保本的同时，能获取更高的收益。

这里强调一点：保本策略注定不可能超过同期股票投资的收益，在牛市的时候，要忍得住自己的资产并没有像旁边的小伙伴那样一飞冲天。然而在熊市到来的时候，你的安全垫又帮助你规避了亏损，让你能够实现一个非常安全的着陆。

所以保本基金，比较适合在市场熊市和市场情况不明朗的时候购买。

3. 组合投资，才能做到稳中求胜

前面跟大家讲了股债平衡的保本策略，而其实这只是最简单的一种投资组合方式，还可以有更多的组合方式。

提到组合投资，我们不得不提起赫赫有名的“桥水基金”（Bridgewater）。这个基金的创始人 Ray Dalio（瑞·达利欧）观察了经济周期的特点之后，创造了一个在所有经济环境中都能表现良好的投资组合策略，叫作全天候投资策略。

这个策略的本质，是基于投资市场各种大类投资品之间的收益率存在一个循环。这个循环就是非常著名的“美林时钟”理论。

这一套理论的核心，就是通过对经济增长指标中的 GDP 和通胀指标中的 CPI 进行分析，将经济周期分为复苏、过热、滞胀、衰退四个阶段，而每一个阶段都对应着某一类资产可能在哪个阶段表现比较好。

这四个经济周期的时段与 GDP 和 CPI 的高低是这样匹配的：

（1）复苏期：GDP 比较高，但 CPI 比较低

这时候，企业的盈利也有了改善，盈利上升股票就开始会有一个明显的收益。所以**你的最佳选择在这时就是配置股票或者股票基金**。

资产配置顺序应该是股票 > 债券 > 现金 > 商品（房产）。

（2）过热期：GDP 和 CPI 指数都会比较高

对应的是经济上行，通胀也很猛。这个时候你的最佳选择就是商品或者房产，因为 CPI 本身也代表着商品或者房子的价格在上涨。

这时候，经济也不错，企业的盈利也会很好，所以股票也是比较好的投资。资产配置的顺序就是：商品（房产）＞股票＞现金和

债券。

（3）滞胀期：GDP 会下降，CPI 保持高涨

因为经济不太好，企业的盈利必然走下坡路，所以股票市场比较低迷。同时，经济发展停滞，商品包括房地产的价格如果保持高涨的话，也会有较高的回落风险。这个时候就是现金为王了，最适合配置的就是货币基金。

最佳的资产配置的顺序是：现金＞商品（或债券）债券＞股票。

（4）衰退期：GDP 和 CPI 两个指标都处于低迷

滞胀期时间长了，大家的收入越来越低，经济会被调控，物价也只好降下来，也就是经济周期进入增长率不高、物价也不高的一个时段，股票、房产当然也都不景气。

在这个时候，央行会有一定的降息预期来吸引大家增加消费，恢复经济，债券的价格就会提高，所以，此时最优选择是债券。

资产的配置的顺序应该是：债券 > 现金 > 股市（或商品）。

依据对大类资产轮动的观察，桥水基金认为既然我们无法及时预测经济什么时候会过热，什么时候会衰退，不如就干脆每一种资产都配置一点。每一种资产，配置四分之一的比例，那么就可以很好地均衡了。

没错，全天候投资组合这种方式，能够非常好地避免“择时”的困惑，作为一个懒惰的投资者，不用思考资产什么时间该怎么平衡，因为配置本身就是平衡的。

具体到操作当中应该怎么做呢？瑞・达利欧的方法是把代表股权投资风险的股票、代表债券风险的长期美国国债、代表货币风险的中期美

国国债以及代表着商品风险的黄金和大宗商品做一个合理的配置。

然而在我们普通人的配置过程中，也许没有必要模仿他的方法，因为这其中还包括了一些对杠杆和风险收益率的计算。

这里提供一种比较小白的购买方法：购买5个不相关指数基金，有效分散了风险，使你的资产不至于集中在同一种产品上。

这样一个组合，只要每年处理一次就可以实现动态平衡①。

每年的动态平衡方法是怎样的呢？

① 把可投资的闲钱（注意，因为投资周期长，一定是闲钱），分为5等分，每份购买一种不相关的资产，这样5份资产的波动都不会关联。

什么叫作不相关性呢？让我们来看下面这张图。

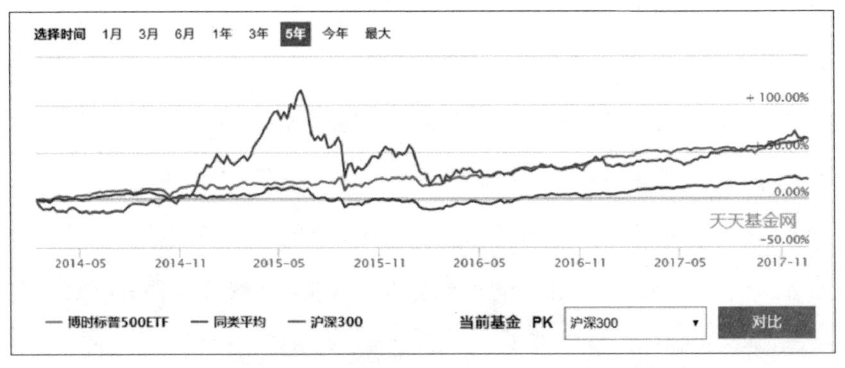

这张图是美国标普指数跟踪的基金，和中国的沪深三百指数对比的一个结果。深黑色的线和浅灰色的线，波动此消彼长，此高彼低，这就

① 动态平衡：投资组合上的动态平衡，是指建立了投资组合之后，让它运作一段时间后，组合内各个单项投资品的比例发生了变化，原因是由各个投资品不同的走势造成的。动态平衡动作就是把这个变化后的比例，调整为当初最初的平均分配的比例，实现高卖低买的过程。

叫作不相关性。

有的朋友买股票，会买贵州茅台，然后买基金，又去买招商白酒，也就是说他买了两个完全相关的产品，实质上当贵州茅台上涨的时候，招商白酒也是属于上涨的板块。但是如果其中一个跌的时候，另外一个也会随之跌。也就是说，两者完全起不到对冲风险的作用。

② 用“恒定比例动态平衡法”来管理 5 等分的资产。

这个方法就是固定好几种不相关或者负相关的资产的配置比例，每隔一段时间调整到最初的比例状态。

举个简单例子，我们把 1 万元钱 5 等分，每一份 2 000 元，分别投入到货币基金、债券基金、国内 A 股基金、海外美股基金与黄金挂钩的基金这 5 类资产中，运营一年后这 5 份资产肯定有赚有亏。

假设整体赚到了，总体资产变成了 11 000 元。这时候，我们要维持固定配置比例，就继续给资产 5 等分，每份 2 200 元，把这个 2 200 元作为一个界限，如果某类资产当年末高于这个界限，那就卖掉高出的部分，补到其他的资产上。

建议大家，购买 5 种负相关，或者不相关的指数基金。

关于负相关或者不相关的基金有哪些呢？这里举个例子，见下表。

	代　码	举　例	配置比例
A 股大盘指数基金	160706	嘉实沪深 300ETF 联接	20%
A 股中小板指数基金	160120	南方中证 500ETF 联接	20%
美股大盘指数基金	513500	博时标普 500ETF	20%
美股中小板指数基金	270042	广发纳斯达克 100 指数	20%
纯债基金	110037	易方达纯债债券 A	20%

上表的例子中，包括国内的大盘指数基金、国内的中小板指数基金、美国的大盘指数基金、美国的中小板纳斯达克指数基金和一个全部投资债券，我们把这 5 个组成一个组合。当然，也可以选择跟踪黄金 ETF 的基金替代美国中小板指数的基金，跟踪石油指数的基金来代替跟踪中国中小板指数的基金。

每年进行一次调整，使得所有的 5 个产品，卖掉超额收益部分，买入价格比较低的那部分配置。最终使得总的组合比例，每一个基金都是 20% 的占比。

经过一番操作，这样形成的结果是怎样的呢？

根据 2015 ~ 2017 年的波动数据测算，这样一个组合，可以实现总收益率 28%，年化收益率超过 9% 的成绩。远远超过了上证指数 3 年的涨幅 10.98%。

所以这个办法的确很有效地避免了下跌，是一个比较科学的小白的理财方式。

4. 基金定投，让你的基金稳定获利 10%

前面介绍的组合投资的方式，有效地帮我们解决了选择基金和选择市场，甚至选择投资大类的困惑。基金定投这个方式，则帮我们解决了非常重要的“择时”问题。

同时，也是非常适合小白的一种投资方式。因为它最大的特点就是：如果你严守纪律，长期投资的话，基本上是省心加高收益两大优点皆具备的，可以实现每年稳定赚 10%。

很多人做基金定投赚不了钱，很可能有两个原因：一个是没有掌握时点，即不知道何时适合介入定投；另一个原因是因为他们没有守纪律，假如定投到中间时市场一直往下跌，要熬过这一段时间，才有机会赚到钱。

（1）为什么要基金定投

基金定投，就是每个月在固定时间用固定金额，购买一只固定基金的方法。

这个方法之所以能够科学赚钱，无非是因为一个叫作“微笑曲线”的时期存在。

微笑曲线到底是什么呢？

它是一个波动市场先下跌再反弹的一个过程，整个波动过程像一个微笑的嘴巴，所以叫作微笑曲线。

在这个波动趋势里面，如果你不停地在微笑曲线的左半边，也就是不断下跌的时期购买，那么你的购买成本将会被平摊得越来越低。而市场反弹后，因你持有这个基金的成本较低，不需要市场整体反弹到最初的高点，就已经开始获利了。

而这个过程，到底怎么计算呢？

假设你在最高点的时候，用 1 000 元购入基金，基金价格 10 元，你买了 100 份。为了简化计算，我们直接就让基金跌到 5 元，这时候你用 1 000 元就可以买 200 份基金。再接下来，基金跌到最低值——1 元钱净值，1 000 元的投入，可以买 1 000 份。

好了，接下来微笑曲线的右半边出现了，为了简化，假设这个时候基金反弹到 5 元，你 1000 元钱又买了 200 份。

好，此时，基金并没有反弹到当初的 10 元，然而算一下，你已经开始赚钱了！

这时候你购买的全部成本是：

投入 4 000 元，一共得到了 1 500 份基金份额，平均每份价格 2.67 元钱。

即使这个时候基金还没有反弹回到当初开始投入的 10 元净值的峰值，但反弹到一半时，你就已经赚到了。

赚了多少呢？这时候的基金净值 5 元，你拥有 1 500 份基金，那我们算一下，手上的基金一共等于多少钱呢？5 元钱 ×1 500 份，等于 7 500 元钱。

而刚刚我们已经说过了，我们一共就投入了 4 000 元钱，这个时候，你已经赚了 3 500 元钱了！

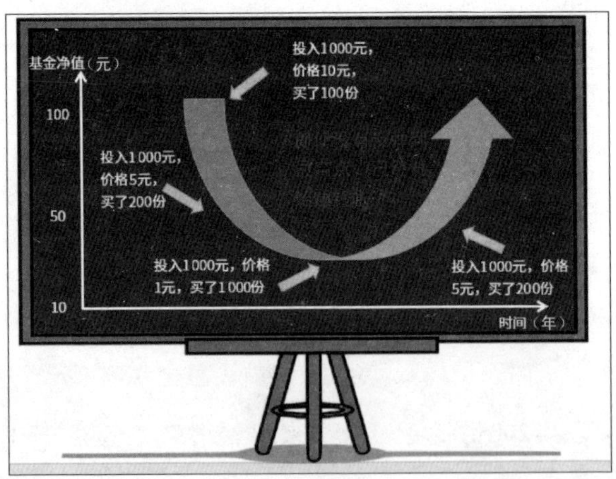

是不是觉得很神奇？即使市场并没有回到当初的高位，你已经自然而然地赚到了钱。

这里面的奥秘就是，你的确曾经买在山顶，但是坚持一直往山脚买，你买的份数越来越多，最终拉低了大部分购买的成本。

然而，假如你不是采用定投的方式，而是采用“一把梭”，一次性买入的方式会发生什么事情?

很简单，在最高的山顶，假设你用 4 000 元钱买到 400 份的基金，在整个下跌的过程中，要是能忍住不卖，也眼睁睁看着没钱补仓，只能一直眼巴巴等到基金上涨回到 10 元钱才有可能打平，甚至还无法盈利。

所以，经过这么一比较，是不是觉得定投这个方法特别科学？它能让你留有更多的资金，在下跌的时候得到更多低价买入的机会。

这就是基金定投赚钱的道理。那你会问了，如果你在曲线右半边开始买，然后比较贪心没有卖，就到了曲线左半边了怎么办？即你买了一个“几”字形，这怎么办呢?

其实“几”字形的购买结果和刚刚谈的“微笑型”的购买成本是一模一样的，这过程中你买入的整个成本还是 2.67 元，只是可能在整个过程中经历了山顶，再经历山谷，感觉自己好像亏掉了一个及时卖掉赚大钱的机会成本而已。

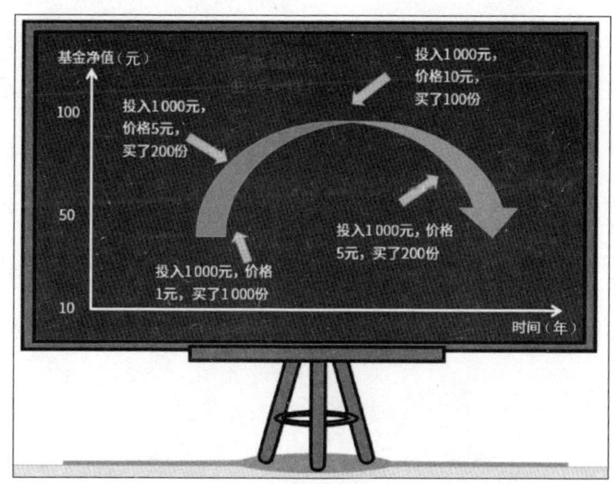

回顾2008年到2018年这10年的牛市，市场还是走出了一条又一条的微笑曲线（见下图）。你会发现，微笑曲线是无处不在的，只要你坚持5年或以上的定投，通过微笑曲线来获利的可能性，一点都不少。

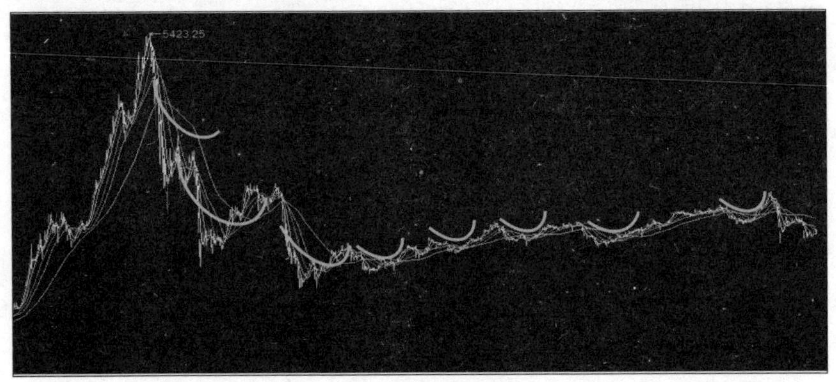

（2）如何挑选定投的基金

定投的原理明白之后，有的人立马就会问了：我该选哪一只基金来定投呢?

首先，定投获利的原理是波动，而且不是一味地向下波动，要是这基金一直都往下跌，那微笑的右半边就永远不会到来。而我们要定投的标的物，一定要选取微笑曲线右半边可以更有把握到来的种类。为什么基金会比个股更容易获得微笑曲线呢？举个例子，中国石油，要是从一上市就开始定投，那个命运就是，它一直跌到现在，还是在微笑的左半边。

如果你定投一只股票，那你的风险就是大盘的系统风险，加上个股的个体风险的叠加。个股的走势，受到它本身的经营、行业的因素等诸多方面的影响，真的很有可能一蹶不振。

所以，定投个股，走出微笑曲线的确定性，远远不如基金。

基金按照被动跟随指数，还是主动投资管理，分为两类：一类是跟随指数发展的指数基金；一类是主动管理型的股票型基金。那定投哪一类会比较靠谱呢？

主动管理型的股票基金，它既然有了基金经理的主动管理成分，那自然波动是会受到个股的影响，行业的影响在里头，也就是说，除了整个大盘的系统风险，依然有个体操作失误的风险。

而指数基金，基本上是跟随大盘走的，是被动的，本质上是在复制整个大盘的走势，所以指数基金的波动相对而言是更跟随经济周期变动的。牛市来了，它就会跟着涨，熊市来了，基本就跟着跌。

而指数基金走出微笑曲线的可能性，比个股的可能性远远要高。因为大盘每 5 年就是一个涨跌周期，而且指数基金跟踪的指数，不停地会剔除一些表现较差的股票，并纳入表现较好的股票，因此它是很可能跟随大盘走出微笑曲线的。此外，因为大盘宽基指数不停地会纳入一些较高市值的优质股票，因此它的点位是会不断随着经济和 A 股股票数量的增多而增长，大部分的指数容易走出的是震荡向上的走势，比较适合采用定投的方式投资。

指数也有很多，在中国 A 股本身就有沪深 300 指数和中证 500 指数。

在同等走出“微笑曲线”确定性的情况下，波动越大，基金的整体走势往上走的可能性就越大，那这个基金就越适合定投。

（3）如何买基金定投

在整个定投期间，只要我们每个月设定好购买金额就好了。现在很多基金公司和互联网站都设立了“定投”按钮，到时直接扣款就好。

但是，毕竟有 1 个时点，我们是可以人为控制不要去定投的。因为这个时点要是继续购买的话，你可能就买在了最高峰，你的整个定投购买成本会被拉高很多。

我们认为，这个不宜买入的时点，就是股票市场整体市盈率过高的时刻。这个时点就是市场整体市盈率过高过热的时候。这里有必要解释一下“市盈率”这个概念，它是每一只股票的市场价除以每一股盈利的一个倍数。

也就是说，这家公司要是按现在的经营水平做下去，要做多少年才值得现在资本市场给它的价格呢？它是衡量现在这只股票是便宜还是贵的真实价格。

如果市场是盲目乐观的，就会无端把整个市盈率拉高很多倍，也就是抬高价格。如果市场是理性的，那市盈率大概是 15 的水平才是比较靠谱的。

那个不应该参与定投的时点，就是你发现最近大盘平均市盈率会有一个非常陡然的拉升，而以往的平均市盈率涨幅并没有那么大。只要把最近的大盘平均市盈率拉一个曲线就很容易发现了。下图中两个圆圈圈住的地方，就说明整个市盈率有非常不合理的拉升。

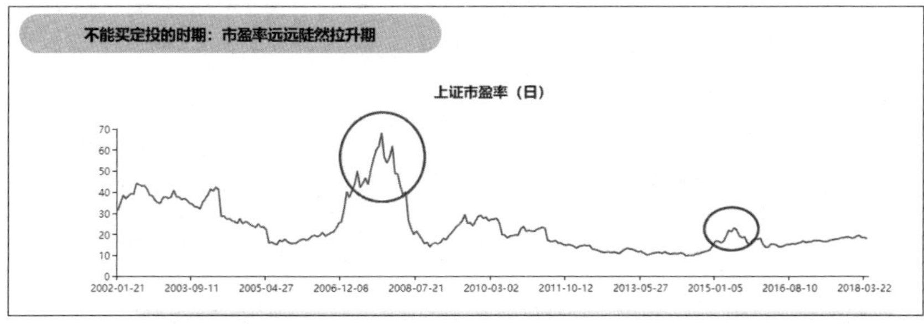

（4）如何择时卖基金定投

有一句话说，会买的是徒弟，会卖的是师父。我们定投基金无非就是为了有收益，那我们什么时间该卖出呢？

首先，定投这件事，只要经济不崩塌，一定是会赚钱的，因为股市是整体向上波动的，微笑曲线是一定存在的，如果不赚钱，不赚够年化收益率，建议一直定投不要停止，也不要赎回。

其次，卖掉基金比较简单操作的方法是：分期赎回。

根据对收益的预期设置 1 个止盈点，达到这个止盈点就卖掉。例如年化收益率超过 10%，假设定投了 4 年达到 40% 的收益，就卖掉一半的定投基金。然后，剩下部分继续持有，再继续定投，这时可能出现两种情形：

第一种情形是，你第一次卖掉一半之后，剩下一半的年化收益率持续继续上升，证明市场在走着牛市行情。这时候，请及时观察你的年化收益率的走势，一旦年化收益一直往上走，走到一定程度开始回落，建议就要卖掉另外一半。

第二种情形是，你第一次卖掉一半之后，剩下一半的基金年化收益率往下低，低于10%，这时候就请设置一个止盈的下限，例如年化收益7%，达到后就赎回另一半，让损失减少在你可以接受的范围。

那么问题来了，定投都卖光了该怎么办？

一般到了能够定投赚钱的时期，一般都是到达了微笑曲线的右半边，这时很可能即将会到达最不值得定投的超额市盈率期间，也就是说，整个股市都是贵价股票。这时候要做的不是买而是等，等待市场回调，等待微笑曲线的左半边再次出现，定投就可以再次启动了。

2.2 低风险的理财，可真的不止余额宝

1. 三大技巧挑好货币基金，收益率提高 50%

对于我们大多数上班日常的现金流开支是很大的。

日常要用的现金流可能会占到我们工薪收入的40%~60%，这部分钱的流动性需求比较大，就是说希望能够随存随取、随时用。

这里不得不提的就是货币基金。大家肯定不陌生，第一个想到的肯

定就是余额宝。它实质上是一只天弘基金发布的货币基金，主要是一些投资银行存款和少量的债券。

在 2014 年的时候，余额宝 7 日年化收益率最高水平有 6.7630%，创造了收益“神话”。但我们来看看目前的收益率，自从 2018 年 9 月 17 日 7 日年化跌破 3% 之后一路下滑（见下图）。

最常见的货币基金除了余额宝，还有我们工资卡的办卡银行发行的或者是理财平台上的一些货币基金。

这么多的货币基金，到底怎么去买、怎么去挑？这里有一些实际购买的方法。

（1）为什么要买货币基金

首先，我想跟大家讲一下真实利率和名义利率。

我们平时把钱存在银行，以为表面上一年期的利率就是真实利率，实际上这只不过是一个“名义利率”。

这个利率减去影响我们货币购买力的通胀率才是实际利率。

举个例子，我们现在把钱放在银行，一年期的定期利率是 1.5%，但是恰逢 2017 年 12 月的 CPI[①] 指数全年上涨了 1.5%，也就是说，把 10 000 元钱放在银行，就可以拿到 150 元利息，到期拿到 10 150 元钱。但是，你到期拿到的 10 150 元，只能买到 1 年前 10 000 元能买到的东西。利息到手了，但是购买力却下降了。

也就是说我们存放在银行的钱，要是不能获得超过当年 CPI 涨幅的利率，相当于就是亏了。钱放在银行活期拿 0.35% 的利率，本质上是拿着负利率的。

为了防止负利率，我们最好不要把流动性要求较强的钱直接存在银行里，要找个年化收益率高于 3% 的产品投资才不会输给通胀。

（2）货币基金都投资什么东西

现在的货币基金的年化收益率基本上都能够达到 2%~4% 之间，比一般的定期存款高。这是什么原理呢？

20 世纪 70 年代中东石油危机，美国陷入了银行存款利率远远低于通胀率的现象，也就是上面说的负利率的现象。大家都不愿意存银行了，于是银行推出了一种利率很高的定期存单。但是回报高投资门槛也高，动辄就十万元起步，甚至百万元起步，大众根本就没有那么多钱。

---

① CPI，是指消费者物价指数(Consumer Price Index)，英文缩写为CPI。它是反映与居民生活有关的商品及劳务价格统计出来的物价变动指标，通常作为观察通货膨胀水平的重要指标。

这时，一个叫鲁斯·班特的分析师搞了“储蓄基金公司”。1972 年这家公司从银行买了 30 万美元的高利率大额定期存单，然后分成 1 000 美元一份卖给普通人，还提供随时购买和赎回的服务。这些 1 000 美元的小额投资，利率是比大额存单低，不过已经远远超过通胀率。一推出马上被抢购一空，人类历史上第一只货币基金就这样正式宣告诞生。

到现在，货币基金市场投向也多样化了，例如国债、企业债券、央行票据、商业票据、大额存单等。

这些短期货币工具风险低、流动性好。货币基金的基金经理如果在这种情况下也把货币基金给做亏了，他的职业生涯基本上就结束了，所以完全可以放心。

（3）货币基金什么时候收益更高

货币基金就是用钱投钱的一个基金。既然投资的对象是钱，那么在市场缺钱的时候收益率就会高，市场钱多的时候收益率就会降低。

怎么理解呢？大部分钱都掌握在银行手里，银行一般在每年的季度末和年末是最缺钱的，这些时点，货币基金的收益率就会比较高。

此外，央行的利率趋势也会影响货币基金的收益率。

央行加息、提高存款准备金率，证明各大商业银行上缴给央行的准备金多了，银行手里的钱就少了，会造成货币市场里的钱变少，货币基金的收益率会提高。

反过来，央行降息和降低存款准备金率，证明央行要加大市场钱的容量，这时候货币基金的收益率会降低。

就好像，2018 年央行降低准备金率 3 次，货币基金的收益率，也是一直在往下走。

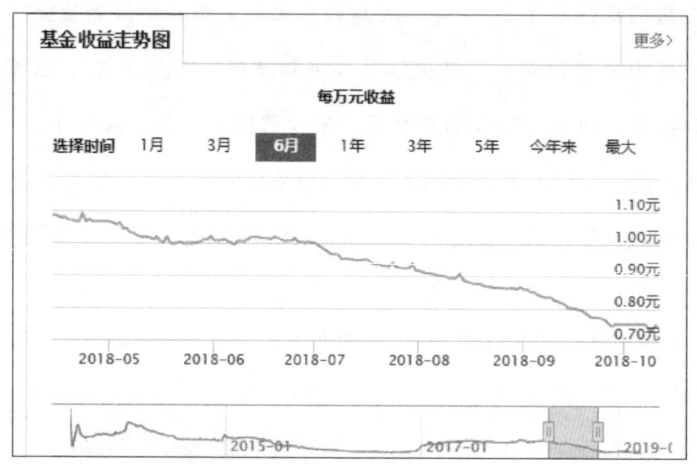

（4）货币基金收益的两个指标

货币基金的收益率应该怎么看？给大家普及两个指标：

第一个指标是每万份收益：基金每一万份在这一天取得的收益。

这个数据波动非常大，那是因为货币基金投资的债券到期日不一样，造成的每日不够均衡的收益情况。

这样一个波动，不方便基金和基金之间的比较。例如，一个胖子和一个胖子到底谁更胖，还是可以用体重计来比较的，但是要是两个胖子今天是胖子，明天是瘦子，过两天又变成胖子，那两个人就无法比较谁更胖了。因此，人们又把这个万份收益率改造成一个更直观比较的指标，叫作“7 日年化收益率”。

第二个指标就是 7 日年化收益率，是指假设这只货币基金在今后一年的收益情况，都能维持前 7 天的水准不变，那么持有一年就可以得到这个收益。

但是每万份收益是不断波动的，所以 7 日年化收益必然也是波动的。大家要看一个货币基金的收益率千万不要被当前某一时刻所迷惑，一定要看它的长期波动情况才靠谱。

有人会问：基金公司是怎么收费的？一般来说货币基金管理费每年只有 0.15%~0.3%，其他的费用全部加起来每年 0.6% 左右其实已经很高了。不过，这些都会在 7 日年化收益率之前已经把费用扣除掉了。所以 7 日年化收益率，可以说是完全属于大家的净收益。

（5）货币基金投资的三个小技巧

给大家分享几个提高货币基金收益的小技巧：

第一个技巧：一定要注意购买的时间点。

记住，货币基金是在买入的第二个交易日才开始产生收益的。

所以，如果你在周五买入一只货币基金，周末是不产生收益的。如果你要在长假、周末的时候想享受假期收益，必须提前一天，在周四下午的 3 点之前买入。这个一定要注意，否则吃亏了也不知道。

第二个技巧：一定要看基金赎回到账日。

因为现在有一些互联网的宝宝类产品为了获取用户，自己愿意垫款，是可以买入立刻计息，也支持随时赎回随时到账，而有一些货币基金产品呢，却是赎回之后的次日才能到账。

其实货币基之间的收益率拉长来看差的不多，但是如果它起息晚了一天，赎回又要 N+1，多占用你一天的资金，你的收益率立马就会减少很多。1/365 也有 0.2% 了，2 个 0.2% 就已经是 0.4% 了。很多货币基金之间的收益差，都没有这个 0.4%。

购买时点和赎回时间都值得你认真留意，是非常重要的。

第三个技巧：平时买大型基金，季度末买小型基金。

规模小的货币基金，投资者的赎回就很容易对基金的收益造成波动，从数据上来看，规模在 5 亿元以上的货币基金，由于它池子大，需要分散投资在比较多品类里面，它的收益率往往是比较稳定的，因此建议你平时长期持有的都选择规模 5 亿元以上的基金。

在 2 亿元到 5 亿元之间规模的，季度末的上涨效应比 5 亿元以上的更加明显，因为基金的整个池子小，更容易把大部分压在一个收益高的短期债券上面。因此，在季度末和年末的时候，你可以考虑购买规模小的货币基金博取更大的收益。

（6）挑选的步骤

第一步，选择近 3 年，近 2 年、近 1 年、近 6 个月都排行前 10 位的货币基金产品，如果有一只基金在这几个区间都一直名列前茅，证明非常稳健。

如果完全没有重复出现的基金，则优先选择近 6 个月，近 1 年都排在前列的基金。点开基金的介绍，看看它的规模有多大，选择规模尽量比较大的产品，相对比较稳健。

第二步，观察即将购买基金的基金经理历史。如果中间换了一个基金经理，而那个基金的业绩又得到了大幅的提升，那证明这个新基金经理能力比较强，相对可以信任。

举一个例子，例如有一只货币基金，我们发现它过去的历史业绩并不亮眼，一直是“不佳”，但是近 6 个月的业绩变成了优秀，近 1 个月又变成了一般。

我们可以探究一下它的一些变化，查看一下基金经理变动的历史，如果是因为它换了多次基金经理，业绩提升和又再变差，那这个基金的业绩变化就和基金经理新进和离开都有关系。

所以，如果发现一只货币基金在更换基金经理之后业绩变好了，则可以跟进，但是也要密切留意它的变化。投资真的不是一劳永逸的事情。

2. 随存随取的互联网理财产品，轻松给零钱加点料

随着现在投资平台的多元化，很多朋友也会选择直接在一些金融平台购买理财产品。例如，微信里面的理财通、支付宝里面的理财模块、京东金融、网银 App 里面的创新银行理财等。

当市场持续有降息预期的时候，货币基金的收益率也会下降。比如在 2018 年，央行多次降低银行存款准备金率，货币基金由最初的 4%~5%，下调为 2%~3%。

本来这种活期类理财的收益率就是赚点零钱，但是一不小心，本来赚到的利息是可以喝星巴克的，现在只能买速溶的咖啡。

但其实也不用失望，在互联网平台里面，我发现了一些流动性还不错而且收益率比货币基金更高的产品。下面来简单介绍一下：

（1）“净值型养老保障管理产品”

2018年，微信引入了一种“净值型养老保障管理产品”，年化收益率是浮动的，平均可以超过6%，该产品刚开始的时候收益率很亮眼，达到了7%，但是渐渐买的人多了，平摊下来收益也有所下降。

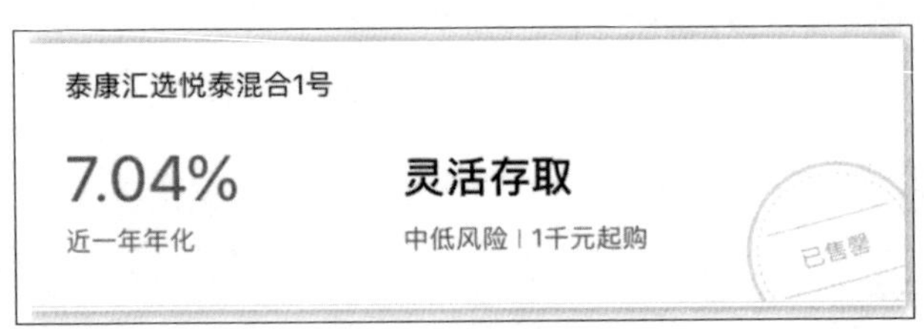

我们仔细来看这款产品，千万不要把它理解为一个货币基金。它和货币基金差距还是蛮大的。

“净值型养老保障管理产品”，我们将这个名字分成两部分看：

① **净值型**：这款产品是每天公告单位净值的理财产品，不管是6.8%还是7%都是历史业绩，而且是浮动的业绩。

② **养老型保障**：是指产品是由养老保险公司发行的。虽然名字叫保险，本质上却没有任何保险的功能。

根据这两点我们可以给它换个名字，那就是“稳妥的理财”。买理财产品，第一步还是要看看它们底层投资什么东西、比例是多少。

再仔细看它的投资范围（见下图），主要是**货币＋债券＋股票基金**。

产品投资范围

1. 流动性资产：现金、货币市场基金、银行活期存款、银行通知存款、货币市场类保险资产管理产品、剩余期限不超过1年的政府债券和准政府债券、逆回购协议，以及中国保监会规定属于流动性资产的其他工具或产品。

2. 上市权益类资产：股票、股票型基金、混合型基金、权益类保险资产管理产品，以及中国保监会规属于上市权益类资产的其他工具或产品。

3. 固定收益类资产：金融企业（公司）债、非金融企业（公司）债、剩余期限在1年以上的政府债券和准政府债券、固定收益类保险资产管理产品、债券型基金、银行定期存款、银行协议存款，以及中国保监会规定属于固定收益类资产的其他工具或产品。

4. 属于此范围的不动产类资产：基础设施投资计划、不动产投资计划、及其他的不动产相关金融产品。

5. 其他金融资产：银行业金融机构信贷资产支持证券、信托公司集合资金信托计划、保险资产管理公司项目资产支持计划，以及中国保监会规定属于其他金融资产的其他工具或产品。本投资账户还可投资于中国保监会允许养老保障管理产品投资的其他工具或产品

对于这种产品，这里就要给大家提个醒：过去业绩不代表未来业绩。

我们来看看下面这张图：近 3 个月的波动。有一段时间跌价和波动还是比较大的，如果刚好你在这段时间买入了，一买就跌，心理落差是不是会落差比较大呢？所以，所谓的“活期理财产品”，尤其是强调随存随取的，大家还是要擦亮眼睛，做好心理建设。

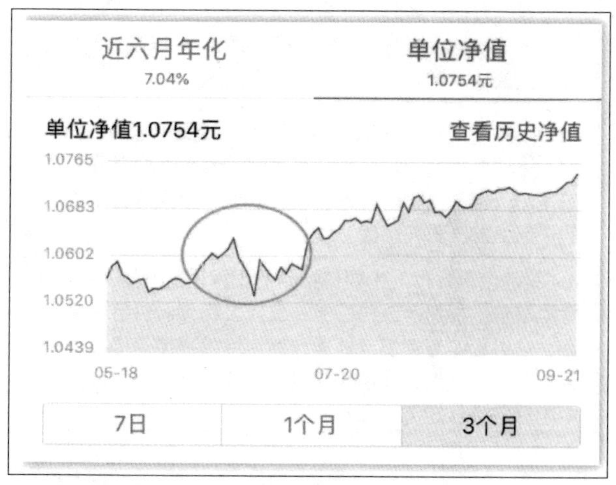

下面再来分析一款养老基金，看看挑选不同的互联网理财产品时，要注意什么，它们之间又有什么不一样（见下图）。

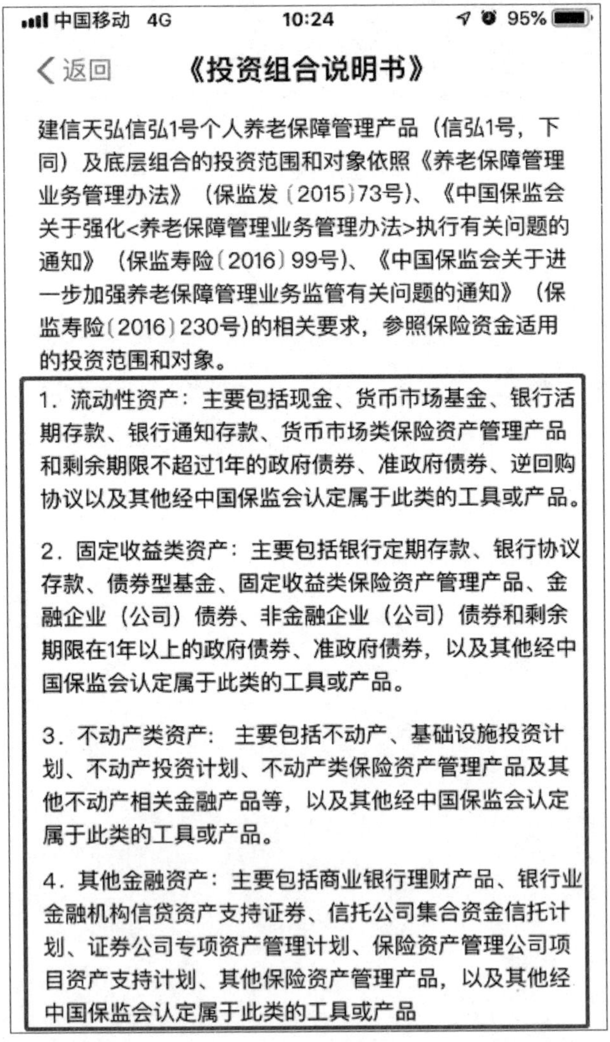

中国移动 4G 10:24 95%

返回 《投资组合说明书》

建信天弘信弘1号个人养老保障管理产品（信弘1号，下同）及底层组合的投资范围和对象依照《养老保障管理业务管理办法》（保监发〔2015〕73号)、《中国保监会关于强化<养老保障管理业务管理办法>执行有关问题的通知》（保监寿险〔2016〕99号)、《中国保监会关于进一步加强养老保障管理业务监管有关问题的通知》（保监寿险〔2016〕230号)的相关要求，参照保险资金适用的投资范围和对象。

1. 流动性资产：主要包括现金、货币市场基金、银行活期存款、银行通知存款、货币市场类保险资产管理产品和剩余期限不超过1年的政府债券、准政府债券、逆回购协议以及其他经中国保监会认定属于此类的工具或产品。

2. 固定收益类资产：主要包括银行定期存款、银行协议存款、债券型基金、固定收益类保险资产管理产品、金融企业（公司）债券、非金融企业（公司）债券和剩余期限在1年以上的政府债券、准政府债券，以及其他经中国保监会认定属于此类的工具或产品。

3. 不动产类资产：主要包括不动产、基础设施投资计划、不动产投资计划、不动产类保险资产管理产品及其他不动产相关金融产品等，以及其他经中国保监会认定属于此类的工具或产品。

4. 其他金融资产：主要包括商业银行理财产品、银行业金融机构信贷资产支持证券、信托公司集合资金信托计划、证券公司专项资产管理计划、保险资产管理公司项目资产支持计划、其他保险资产管理产品，以及其他经中国保监会认定属于此类的工具或产品

打开《投资组合说明书》认真研读后发现这款产品投资标的比上一

款要稳得多，包括四类资产：

① 流动性资产：货币基金、通知存款、债券，逆回购等，以上产品几乎都是零风险；

② 固定收益类资产：定期存款、债券型基金以及各种短期债券，等；

③ 不动产类资产：包括一些不动产投资计划，不动产类保险资产管理产品等；

④ 其他金融资产：保险公司的一些资管计划、银行理财产品等。

这款产品的收益相对而言会低一些，因为它不会直接参与股票和基金的投资。

（2）银行创新存款

这里主要指很多互联网理财 App 里的一些小众银行的随存随取产品（见下图）。我们称之为“银行创新存款”。

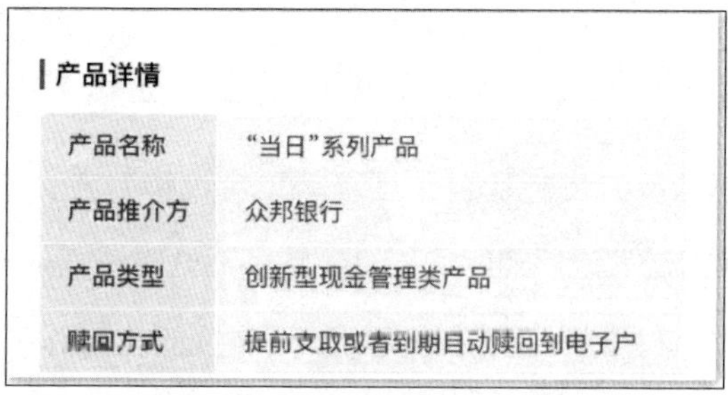

产品详情

产品名称	“当日”系列产品
产品推介方	众邦银行
产品类型	创新型现金管理类产品
赎回方式	提前支取或者到期自动赎回到电子户

这些产品的发行者，是中国银行保险监督管理委员会（简称中国银监会）批准和监控的正经金融机构。通常都会给一个固定利率，比起那种净值浮动的产品更加稳妥一些。为什么呢？因为，我国 2015 年颁布了

《存款保险条例》，第五条规定，存款保险实行限额偿付，最高偿付额是 50 万元。同一存款人在同一家投保机构所有被保险存款账户的存款本金和利息合并计算的资金数额在最高偿付限额以内的，实行全额偿付；超出最高偿付限额的部分，已发从投保机构清算资产中受偿。

简单地解释，就是如果你存在单家银行的存款低于 50 万元以内，国家有保险替你兜底，100% 偿付。但是超过 50 万元的部分，如果你存款的银行因为经营不善破产了，你只能和所有债权人一起分配它剩余的资产，未必能够全额偿付。

因此，这些小银行的创新存款，还是有较高的安全性的。

这些“创新型现金管理类产品”也称为“资金管理工具”，底层资产是银行的 3 年期或 5 年期定期存款拆散了揽储，也就是一款小型的货币基金产品。这些产品风险是不高的，最大的风险是来自于银行营业不佳被接管。

3. 你必须懂得逆袭绝技，1 000 元也能稳赚 15%

除了上面提及的货币基金、互联网平台代销的各种新型理财产品外，还有一种超低风险的理财好工具，特别适合有开立证券账户的小伙伴，在月末季末年末冲一把稳妥高收益的。它的名字叫作国债逆回购。

（1）国债逆回购更适合谁

国债逆回购，是指个人通过回购市场把自己的资金借出去，获得固定的利息收益；而回购方，而借款人用自己的国债作为抵押获得这笔借款，到期后还本付息。国债逆回购是一种极低风险且易操作，有极好信用度的现金理财方式。它和货币基金有两点不同：

第一，它更适合用于那些趴在股票的保证金账户里又暂时不购买股票的那部分钱的理财。为什么呢？因为，国债逆回购是通过股票账户交易的，股票保证金取出到银行卡，需要卖出股票后第二天（交易 T+1 日）才能做到。然而，卖出股票后，投资者却可以立刻买入 1 天期的国债逆回购，当天晚上开始享受计息，次日款项立刻到股票账户。这样，在股票账户内的钱，就不会白白流失赚利息的机会了。

第二，购买国债逆回购的起步价因地区不同而不同，比如上证交易所交易的国债逆回购起步 10 万元，深圳证券交易所的则是 1 000 元。

（2）国债逆回购是什么

那到底国债逆回购是什么呢？这里先讲一个故事。

之前有一部电视剧叫作《那时花开月正圆》，里面的女主角周莹开的机器织布厂先是被人砸了，接着又被她的二叔和四叔退股，可以说是雪上加霜了。

这时候，她在下属的启发下，用家里的东西做担保，吸引所有吴家东院的员工来认购股份。用现在的高级术语来说，就是发布“员工持股计划”。当时我记得电视剧里面有一个超级有趣的情节，就是周莹的婆婆拿起一双筷子吃饭，发现筷子上贴了东院员工的名字，也就是说那双筷子已经用来抵押了员工认购的股份。

在这里，我们看到了一种以手里拥有的资产去换一个保证的方式——抵押。其实国债逆回购的本质也是这样的。

国债逆回购就是一些金融机构没钱，但他们拿着的没到期的国债，放到市场上抵押，这里的国债就相当于《那时花开月正圆》里面那双筷子了。

抵押之后他们想获得什么呢？当然是一笔救急用的钱。

所以，国债逆回购的整个交易，就是金融机构用国债作为质押物，通过上证交易所或者深圳交易所来向你借钱，那个钱有交易所在监管，所以安全性不用担心，如果还钱了，这笔交易就此结束，国债也解开了质押。

这种短期借款的行为，其实在金融机构里面是特别受欢迎的。

国债逆回购的交易，借钱的利率是不断波动的。它的波动与货币基金的波动原理是一致的——市场上钱紧缺的时候，也就是年度末、季度末那些日子，放长假之前，还有就是央行收紧银行准备金率的时间，都会引起国债逆回购利率大幅的波动。

（3）如何查询国债逆回购价格

国债逆回购在交易所挂牌的品种，包括国债 1 天、2 天、3 天、4 天、7 天、14 天、91 天和 181 天回购这 8 个。深圳交易所和上海交易所 2 个地方的购买代码和名称都不一样。

上交所回购品种	深交所所回购品种
1天国债回购（GC001，204001）	1天国债回购（R-001，131810）
2天国债回购（GC002，204002）	2天国债回购（R-002，131811）
3天国债回购（GC003，204003）	3天国债回购（R-003，131800）
4天国债回购（GC004，204004）	4天国债回购（R-004，131809）
7天国债回购（GC007，204007）	7天国债回购（R-007，131801）
14天国债回购（GC014，204014）	14天国债回购（R-014，131802）
28天国债回购（GC028，204028）	28天国债回购（R-028，131803）
91天国债回购（GC091，204091）	91天国债回购（R-091，131805）
182天国债回购（GC182，204182）	182天国债回购（R-182，131816）

它们的价格就像查询股票价格一样，在股票软件或者一般的一些交易查询网站上，在股票交易时间内，可以查到动态报价，如果在这些时段之外，只能查询到它的收盘价。

它的交易也是通过证券公司开户，就像买卖股票那样交易的。

（4）国债逆回购的购买小窍门

第一个小窍门：资金回笼的当天，购买场内货币基金。

你的资金回来之后，如果当天正好遇上节假日的前一天，钱又没办法转到银行，可以立刻申购当日计息的货币基金。场内货币基金可以直接用股票账户交易，当天申购享受当天的收益。

比如通过网站“天天基金网”，打开“基金排行”—“场内交易基金”排行找到以“511”和“519”开头的股票筛选即可。

第二个小窍门：国债逆回购的交易价格，季度末会表现得尤其高。

（5）于把手教你购买国债逆回购

这里有一个国债逆回购的操作方法。

第一步，先开通股票账户。现在各个券商都可以通过网上开户，准备好身份证和银行卡，推荐用手机直接开。选一个网点多、佣金低的大一点的券商就好。

第二步，登录股票软件，点击“卖出”。切记，是“卖出”。

逆回购跟买股票不同的是，购买国债逆回购是通过“卖出”来操作的。第一次接触的人可能比较难理解，其实就相当于把我们的钱、资金以一个价格卖出去，而不是用一个价格把股票“买进来”，这是需要牢牢记住的！

第三步，假设要购买 1 天期的深圳交易所的国债逆回购，输入代码 131810，输入你想要卖出的数量和价格，如果是深圳交易所的，只需要 1 000 元起步，但是输入必须是 1 000 元的整数倍。如果是上海交易所就必须是 10 万元的整数倍。委托量都是乘以 100 的 ，填入 10 就代表是 1 000 元，卖出 1 000，代表 10 万元。

第四步，一般交易软件都会显示实时的价格，建议你在早上开盘后一小时内看准了就按实时现价卖出就好了。当然，你也可以看着走势略微调高价格出价，等交易完成按确认，之后看一下委托，是不是真的成功了，标注为已成功的，确实是申购成功，如果没有成功，就可以撤销交易，重新再出一次价格，重新操作一遍。

4. 如何找到年回报 7% 的理财产品，稳定收益又安心

学完前面的内容，相信你已经掌握了货币基金、互联网随存随取的理财产品以及国债逆回购的操作方法。倘若还是满足不了你的收益需求，你又想让自己的本金非常安全，那该怎么办呢？

我们就一起来看看如何找到年回报 7% 的理财产品，收益稳定又不用担心本金亏损。这种理财产品，就叫作债券基金。

（1）我们为什么要投资债券基金

首先，因为这个产品，是一种在尽可能保本高收益的情况下，波动最小的产品。

债券基金，顾名思义，就是投资债券的基金。一听到债这个字，就可以联想到借钱的关系。而债券的本质，是有个人问你借钱，回头连本

带息还给你的一张凭证。它的价格只会围绕着一个恒定的价值波动，因此波动是很小的，债券本身风险，相对是比较小的。

其次，债券天然地和股票呈负相关，可以作为你购买了股票基金的一种风险的抵消。

在股市特别火热的时候，人们都会把钱投入到股市，所以债市的行情往往都会和股市负相关。也就是说，股市上涨，债市就会下跌。所以，相应地，配置一定的债券基金，是对我们投资高风险股票基金的一种对冲。

再次，坚持长期投资。债券基金必然是赚钱的，而且收益率会超过货币基金和普通的理财产品。

随便挑一只纯债基金（见下图），跟沪深 300 指数和同类平均对比，看到它的曲线几乎是一直往上走的，波动不大，往下走的时间不多。最近一年的年化收益 6.46%，成立以来是 13.88%。其实不仅仅是这个债券基金的走势是这样，大部分经营良好的债券基金都是走势有这个特性。以 2018 年 11 月初的业绩来看，近一年，走势能达到年回报 6% 的债券基金超过 150 只。

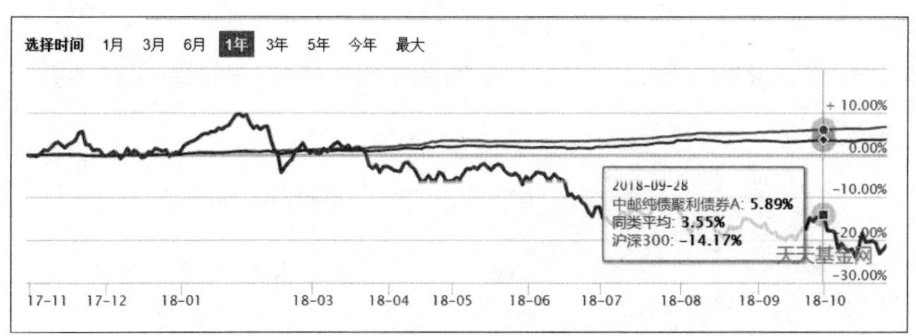

所以只要在靠谱的债券基金池子里筛选，能赚到比银行理财和货币

基金收益更高的回报，可能性还是非常大的。

（2）债券基金涨跌的原理

第一，债券基金的涨跌，跟市场的钱多还是钱少有关系。

如果金融体系中钱多，债券市场就会上涨；如果金融体系中钱少，债券市场就会下跌。

“钱荒”，顾名思义就是缺钱，而且特指金融机构缺钱。金融机构缺钱了，没钱买债了，债券市场就下跌。

第二，在加息周期里，债券市场是下跌的，在降息周期里，债券市场是上涨的。因为，当利率上涨的时候，已经发行的债券利率就会低于目前的利率。

试着想象一下，如果在一个菜市场里面，新鲜的白菜上架了，价格还比较低，大家肯定二话不说都去买新鲜的了，那剩下的不新鲜还贵的老白菜，就只能降价才能卖出去。

所以假如新的债券利率走高，那旧债券一定得降价，利率和债券价格必然是呈现负相关的。

第三，债券型基金面临的最大风险不是利率风险而是信用风险。利率波动造成的净值波动，在目前我国基金把杠杆限制的前提下是不会巨亏的。

例如，曾经有一只企业债券叫作富贵鸟，下跌超过 40%，因为它被证监会立案调查了……所以，债券基金涨跌的关键是持仓结构里面不要过分重仓一只债券，否则你的基金净值可能会被一只坏债券所拖累。

投资的债券一旦发生违约，通常是债券变废纸，损失巨大，这个风险才是最值得防范的一种。

（3）如何挑选稳健收益的债券型基金

明白债券基金的涨跌原理之后，怎么才能买到收益率达 7% 的债券型基金呢？这里就要遵循 5333 的原则。简单来说就是：5 亿规模，3 年以上，3 年业绩，三颗星评级。

首先讲一下，5 亿规模的由来。

刚刚，已经确定债券型基金的信用风险一定存在，那怎样才能分散这个信用风险？

最有效的方式就是分散。也就是说，我们用分散投资的方式来让这个黑天鹅的风险降低。买错债券，但是买得少，就可以降低这方面的损失。

所以，挑选债券型基金，首先挑选规模。规模没五个亿是很难有效做到的。

其次，我们讲一下 3 年以上这件事。

考察一只基金的业绩起码是要经历一次牛熊市。最近一次牛熊市转换就是最近 3 年，因此我们要求债券型基金运作满 3 年，并且 3 年收益排名在所有同类型基金的平均以上，最近 1 年收益也在平均以上。

公司成立越久当然也就说明它的实力比较好，如果绩效一直排在前几名，那就说明这只基金的经理人操盘非常的稳健，能够经得起市场景气循环的考验。

再次，选择平均 3 年收益率 6% 以上的债券型基金，如果所有排名前列的基金都达不到，可以选择排名靠前的 5 只去细化考察。

通过 3 年的平均收益这个数值（见下图），我们就可以挑选出业绩比较稳定的债券型基金，适当地降低不同债券的风险，提高组合债券的稳定度和收益率。

开放基金排行 自定义排行 场内交易基金排行 货币基金排行 理财基金排行 香港基金排行 定投排行 [意见反馈] 查看

展开更多筛选 数据来源：东方财富Choice数据 基金申购费率1折 按基金公司筛选：输入基金公司名称筛选

全部(4294) 股票型(811) 混合型(2254) 债券型(1040) 指数型(539) 保本型(45) QDII(144) LOF(218) FOF(14)

分类：全部 长期纯债 短期纯债 混合债基 定期开放债券 可转债 定开债开放日一览

杠杆比例：全部 0-100% 100%-150% 150%-200% 200%以上 2017-10-2

比较	序号	基金代码	基金简称	日期	单位净值	累计净值	日增长率	近1周	近1月	近3月	近6月	近1年	近2年	近3年	今年来	成立来	自定义
	1	001367	德邦新添利债	10-31	1.0030	1.1890	0.34%	-0.48%	-1.90%	-2.45%	-0.74%	0.51%	5.83%	18.22%	-0.09%	20.03%	0.87%
	2	000286	银华信用季季	10-31	1.0520	1.3340	0.10%	0.19%	0.76%	1.24%	3.29%	6.23%	12.40%	17.51%	6.23%	37.98%	6.13%
	3	161716	招商双债增强	10-31	1.1800	1.3190	0.00%	0.17%	0.68%	1.55%	3.69%	6.50%	8.46%	17.41%	6.59%	37.57%	6.13%
	4	000973	新华增盈回报	10-31	1.2250	1.2250	0.16%	0.49%	0.00%	-0.16%	0.33%	3.20%	8.99%	17.22%	2.42%	22.50%	2.77%
	5	167501	安信宝利债券	10-31	1.2030	1.4040	0.00%	0.17%	0.75%	2.38%	4.61%	7.99%	8.87%	17.02%	8.48%	45.33%	7.80%
	6	164210	天弘同利债券	10-31	1.0490	1.5580	0.00%	0.19%	1.06%	1.25%	2.44%	4.07%	3.96%	16.95%	4.69%	64.36%	3.87%
	7	164703	汇添富纯债债	10-31	0.8460	1.6040	0.00%	0.12%	0.36%	0.48%	0.71%	2.42%	6.09%	16.57%	2.67%	64.68%	2.18%
	8	217022	招商产业债券	10-31	1.3530	1.5930	0.00%	0.15%	0.74%	1.88%	3.84%	6.79%	9.64%	16.54%	7.21%	69.48%	6.46%
	9	582002	东吴增利债券	10-31	1.1080	1.4480	0.00%	0.09%	0.45%	0.54%	2.12%	4.33%	8.64%	16.47%	3.84%	49.49%	4.24%
	10	164206	天弘添利债券	10-31	1.1050	1.5980	0.00%	0.00%	0.36%	1.01%	2.13%	4.44%	5.64%	16.12%	4.64%	77.90%	4.44%

最后，挑选评级机构三颗星以上的基金。

评级机构就像是评委打分一样，在天天基金网上面可以查看到各个基金的评级。此外，给大家介绍一个非常专业的评级网站——晨星网。它是投资研究的创新先锋，里面的工具非常简单好用，也非常专业。晨星评级，可以用数据帮我们做出正确的投资决策。

招商双债增强债券(LOF)(161716)

净值估算2018-11-01 15:00 1.1803 +0.0003 +0.02%

单位净值（2018-10-31） 1.1800 0.00%

累计净值 1.3190

近1月：0.68% 近3月：1.55% 近6月：3.69%

近1年：6.50% 近3年：17.41% 成立来：37.57%

基金类型：债券型 | 中低风险 基金规模：1.06亿元（2018-09-30） 基金经理：刘万锋

成 立 日：2013-03-01 管 理 人：招商基金 基金评级：★★★★★

（4）购买债券基金的 5 个小技巧

这里我们来讲一下购买债券基金的 5 个小技巧，可以帮大家省钱。

技巧 1：债券基金长期持有基本不亏。

原因上面讲过，债券的价值是恒定的，价格必然是围绕价值来回波动。

技巧 2：如果可以的话，尽量选择每日可申购赎回的基金。

纯债基金收益率并不高，总体来说是用来和股票基金对冲风险用的。也就是说“利用”它来跟股票配置的。既然我们随时可能调整股债比例，那么对债券基金赎回的流动性自然有一定要求。有的债券型基金是一定时期再开放购买一次的，就尽量不要选择了 。

技巧 3：不要去找近 3 个月收益最高的债券型基金。

因为债券型基金从时间长期来看收益都不会差得太多，最近 3 个月比较高的，其实意味着未来的时间内收益有可能会下降。这是一个价值均衡的道理。

技巧 4：基金的管理、托管费用合计不超过 0.8%。

现在有的债券基金的收费还是挺高的，有的管理费甚至超过 1.3%，那就远远高于市场平均水平了。

技巧 5：最后要考虑的是这个基金经理的从业时间，以及更换的频率。

基金经理从业时间越长，他的经验就越丰富，经营的基金持续增长，那他口碑应该是不错的，专业水平也过得去。基金其实就是雇佣一个人帮你打理资产，这个人是否专业，是否负责任很重要。

2.3 家庭 CFO，你该规划好这些事

1. 该不该买车，怎么买车最经济

车子、房子是我们家庭避不开的话题。

但是买车和买房又有很多区别，例如，房子有明显的资产属性，会升值，是对抗通胀最好的资产。而车子具有明显的消费属性。有一句话是这么说的：新车从开出工厂的那一瞬间就意味着开始贬值了。

那么车子该不该买呢？大家要理性判断家庭到底要不要买车，如果要买，要怎么才能更经济地买车。

（1）买一辆车之前，你要先算一算

第一笔账，算钱。

买车不只是买车。这是指，买车不只是买车本身，购置税、车险、挂牌费、延保、贷款这些都是需要考虑进去的。

有了车之后，每个月的罚单、油费、停车费、洗车维修、年检也是成本。

例如，你花了 30 万元买了一辆新车，从家开车到单位需要 45 分钟，每年大概 200 天都需要开车，油费的开销每天算 50 多元，还有维修等各种零散费用，一年加起来至少 1.5 万元。

如果乘坐地铁，每天需要 10 元，200 天就是 2 000 元。中间的差价就是 1.3 万元。

不要真的以为差额只有这 1.3 万元，我们接着来看，假设我们用买车这笔钱去投资，按照前面第二章第一节提及的保本策略，通过配置不同风险投资的方式实现年化 8% 的收益，买车的 30 万元加上养车的 1 年 1.3 万元，1 年花费的机会成本，也就是可能得到的利息大概是 2.5 万元。

如果 30 万元的买车成本平摊到 7 年，每年多为 30 万元 ÷ 7=4.3 万元，加上可能的收益 2.5 万元，加上养车成本 1.3 万元，其实买一辆车，1 年最低的花费是 8 万元。这个消费如果你可以负担得起，再去考虑买车。

算完这笔经济账，再一起来看看经常会忽略的账。

第二笔账，时间账。

没车的通勤可能是有车两倍的时长，这里同样考虑到了机会成本，比如买了车之后有更多的时间花在工作上面，在职场上获得更好的晋升空间。用更多的时间给家庭，陪陪家人孩子。这笔消费在我们的心理账户中也是值得的。工作越久，你可能会发现，时间对我们来说越来越稀缺，买车虽然是消费，但是从收益上来看，是节省了时间。如果你的工作单位时间价值比较高，能完全覆盖这年消费，那买好一点的车完全是值得的。

此外，建议大家留意一下自己家附近的车位，特别是高峰的时间，如果找车位花的时间甚至比节省的代步时间还长，那可就麻烦了。

第三笔账，心理账。

有时候你会发现，身边好多朋友同事都有车了，自己还在公交、地铁中穿梭，刚好家庭也有了一定的储蓄，买车的想法就很多了。

那这第三笔账就是满足我们心理的需求。希望你想清楚，你对这辆车的需求到底有多大，即你有多渴望得到它，是否可以负担得起。

(2)买车不够钱?你可以这样做

算完上面的三笔账之后如果你很确定非常有必要买这辆车。那这时候是全款买车还是贷款买车就要考虑一下了。

考虑这个问题的时候,当然是能全款买就不要贷款买。因为买车和买房都要负债,但是债务也是分好债和坏债,好债能够给你带来不断的现金流入;坏债不仅不会有现金流入还会有更多的现金流出。

所谓好债就是你借了这笔钱之后是可以增值的,例如房贷,按照现在房子增值的情况,我们把一个高价值的物品分成了二三十年的贷款,是一笔稳赚的交易。

坏债就是我们借了之后,还得不断从口袋里掏钱出去,比如,车贷就是最典型的一种。房贷、车贷同样都是贷款,到底有什么不同呢?

房子不能把它看成消耗品,毕竟它一边消耗,一边还增值。

而车其实是一种切切实实的消耗品,不但消耗你的钱,而且每个月还消耗你的油钱。所以如果要贷款买车,就是一种坏债。

关于贷款买车,4S 店的客户经理一般会给三个选择:①信用卡分期;②银行车贷;③汽车金融公司贷款。

这要怎么选?下面就来分析以下三种方式有什么区别,哪种方式更适合。

① 信用卡分期

有些汽车销售为了业绩,特别是到季末年末冲销量的时候,很多品牌的中高档汽车都会推出零首付零利率的活动,这种情况下就能帮我们省下一大笔钱。有些商家也会和银行合作,信用卡贷款买车也有相应的优惠。

相比于其他购车贷款方式，信用卡分期购车门槛更低，只要申请者个人信用记录良好，并且能够提供银行认可的工作收入证明或财产证明，一般 7 个工作日内就能完成贷款，而且，信用卡分期购车没有利息，只有手续费。它有几个好处：

好处 1：分期的手续费率与另外两种方式差不多。

例如农业银行推出的“信用卡汽车分期支付”，首付三成，手续费 12 期为 3.5%，24 期为 7%。不同银行的信用卡分期费率都有差异，总的来看，1 年，也就是 12 期的分期费率在 3%~5% 之间，24 期（2 年）在 4%~8% 之间，36 期在 9%~12% 之间。

例如你现在需要买一辆 20 万元的车，首付 5 成，选择信用卡提供余下 10 万元分期。如果选择 12 期，分期费率为 5%，那么手续费是 5 000 元，须首月一次性支付，本金的月还款为 8 333.33 元。

好处 2：最突出的特点就是它是 3 种车贷里面审批最快速、手续最简单的贷款。

信用卡分期贷款购车，也有它不足的地方：

- 车型限制：

许多银行信用卡车贷都跟指定的品牌车型合作，大家可以选择的车型是受限制的。譬如招商银行和中国建设银行，跟现代、本田、大众等多个品牌有合作，用户的选择范围就有这几个品牌之间。但是也有一些银行合作的汽车品牌及少，选择就会受限。

- 额度有限制，期限较短：

信用卡分期大多支持 1 到 2 年的分期，这个期限相对于其他两种方式来说，短期内家庭的经济压力也会大一点。信用卡分期车贷和信用卡日常的使用情况一样，也会有额度的限制。一般来说，你的经济承受能力、征信度、刷信用卡的习惯都会是银行考量的标准，因此，额度也会不一样。

- 如果要提前偿还分期，手续费是不能退还的，这个是信用卡的一个弊端；首付，一般不能使用信用卡支付，而需要做车辆抵押和购买指定车险。

② 银行车贷

银行车贷最大的特点就是利率最低，但是它也是三种方式里面门槛最高的。

不同银行的车贷业务其实也是大同小异的，一般提供 3 年的贷款期。征信度好、金卡或者银行评定的优质客户可以延长到 5 年，提前还款也不收任何手续费。首付一般给到 20%~30% 就可以了。

贷款分期的还款时间不同，相应的利率也会不一样。在 2018 年的时候，银行一年期的分期利率为 4%~5%，两年期分期利率 8% 左右，3 年期分期利率为 10%~12%。这里以 2018 年前后时间的北京地区车贷为参考，正常情况下车贷的利率情况。

四大银行车贷利率如下图所示。（注：因地区和个人资质差异，车贷利率会有所不同。）

	利率	贷款期限	贷款额度
中国工商银行	12个月，3.9%～5%	最长5年	最多80%
	24个月，6.9%～8%		
	36个月，12%		
中国银行	12个月，3.9%～5%	最长5年	60%，最多70%
	24个月，8%		
	36个月，12%		
中国农业银行	12个月，4.5%	最长5年	最多80%
	24个月，8%		
	36个月，10%		
中国建设银行	12个月，4%	最长5年	最多80%
	24个月，8%		
	36个月，12%		

跟其他两种车贷方式相比，银行贷款的手续繁杂，审批严格，放贷周期长，而且大部分需要不动产抵押。这里以农业银行为例，不仅对购车者还款能力有要求，还有户口、房产和社保年限等要求。

银行在放车贷的时候，同样也会考虑汽车和保值的问题。银行通常会要求用户购买车损、第三者责任险、盗抢险这些险种，时间要覆盖贷款的期限，而且指定受益人是银行。当然，如果银行评定，你的资质足够好，也有绿色通道，是可以直接申请无抵押的消费信用贷，这就可以简化很多流程，更快地贷到款了。

③ 汽车金融公司贷款

除了上面提到的 2 种车贷，通过经销商向其背后的汽车金融公司申请贷款也是一种方式。

目前，中国共有二三十家汽车金融公司，比较主流的品牌，譬如大众、上汽、通用、丰田、宝马、福特等都有自己的汽车金融公司。这些公司一般也是要求购车首付款最低为车价的 20%，最长贷款年限为 5 年。会参考购车者的个人学历、收入、工作这些标准来做衡量，外籍户口也不会成为获得贷款的阻碍。

相比银行车贷来说，这种渠道的还款方式更加灵活，除了等额本金和等额本息，一般还支持增加尾款，减少中间月供的所谓“智慧型”还款方法。

例如，以一款总价 6.88 万元、首付是 2.58 万元、贷 3 年的车为例，如果采取一般的等额本息还款，平均月还款额约 1 300 元。如果选用“智慧型”还款每月还款则只要 985 元，最后一个月还款金额最多，为 1.4 万余元。

汽车金融公司贷款最大的特点就是：贷款门槛低，手续更便捷，放款时间更快。那有什么代价呢？

第一，虽然放贷时间更快，但是利率比银行车贷高出很多。

以大众汽车金融公司的标准信贷为例，购买一辆 279 000 元的高尔夫旅行轿车，分期 12 月需要首付两成，为 55 920 元，每月还款 19 987 元，每月的分期利率约 7.5%。

第二，在汽车金融公司贷款就算要提前还款，也需要交违约金。通常需要支付提前到期本金的 3% 作为违约金。

第三，营销方式多。汽车金融公司为了营销，常会打出“零利率”“零首付”的噱头吸引用户，这时候我们一定要静下心来好好算算。羊毛出在羊身上，很多“零首付”背后，汽车金融公司都会悄悄提高车价，或者附加比普通贷款更高的手续费，得不偿失。

第四，购车者可能还需要为一些隐性费用埋单。譬如被要求在 4S 店购买车险，但其费用往往高于直接向保险公司投保。所以，当你觉得你赚了大便宜的时候，一定要保持头脑清醒。

（3）还完车贷后还有哪些事情需要注意

在还完贷款之后我们需要确认哪些信息，才能万事大吉？

在贷款的时候，我们是把机动车的车辆登记证抵押了的，这时候就要确定贷款结清证明和机动车的车辆登记证，还有一些相关的手续办理好，一定要把汽车抵押手续取回来。

然后要去车管所办理抵押登记解除手续，确认车辆是归属自己的。手续和资料的情况可以提前打电话咨询一下办理手续的车管所，材料准备齐全，也能尽快处理好。

另外，比较容易忽视的就是车险第一受益人。在贷款买车的时候，车险的第一受益人一般都是贷款机构，也就是银行或者汽车金融公司。贷款买车的时候，大部分的钱其实还是贷款机构承担的，在这期间如果汽车出现什么事故，车主又规避责任，所以贷款的机构为了自身的权益，会将车险第一受益人设为自己。所以在我们还清贷款的时候，千万要记得把这个第一受益人改回自己，这辆车才算真正属于自己。

2. 4 步规划，买对你人生第一套房

我在刚进入职场的时候，用自己全部的身家加上一部分借的钱，早早就买了人生第一套房。当时，咸菜白开水的日子也没少过，身边的朋友也非常纳闷，都是过日子，何必为了房子这么苦自己呢？

其实当时觉得自己年轻，承担风险的能力也高一点。

一说到房子，大家肯定是摆摆手说“房价这么贵，还老涨，我买不起”。

有一个特别有意思的现象，无论有钱没钱，买得起买不起，一律都说买不起。对房价的群嘲也是一波比一波高，那房价上涨到底什么时候是个头呢？

知名的天使投资人蔡文胜曾经说过一个 20% 定理：

假如有 100 套房子要卖，当有 110 个人要买的时候，房价就会涨得很高，因为有 10 个人买不到。

而当发生房价下跌的时候，是不是需要全部人卖出来？不用，只要 20%，就是说 100 套房子只有 90 人要买，突然里面有 20 个人不买了，这个房子就可以无限地下跌。

总有朋友问：什么时候才是买房的最好时机？

房子是用来住的，什么时候都是好时机。因为这时候房子的效用是价值大于价格的。

看过房的朋友肯定都深有体会，买对人生第一套房，往往会想要一个称心如意的，价格则是越便宜越好。

在买之前，我们就会思考了：买房预算是多少？怎么贷款利率低？贷款的金额是多少才合适？郊区的大房子和市区的小房子怎么选呢？买学区房是不是更好？

接下来，看房，又得考虑：什么开发商、楼盘比较靠谱？地段、楼层、格局怎么选？买房能不能还个价？

接下来就一起看看具体如何操作吧。

（1）买房准备

① 预算

其实对于我们来说，第一套房子的总资金是非常有限的。很多人说这个资金当然是用来付首付款。没错，首付款是我们总可用资金里最大的那一部分。但除此之外，还有一些必要的开支。

首先，我们需要明确的，预算中的首付款到底付多少，它的比例都是不同的。

倒不是说你不同的区域、不同的地段的首付款不同，是对于相同地段每个人的首付款都是不一样的。

例如，买二手房，房东他需要你付多少首付这是一个非常大的前提。

其次，对于除了首付款之外，我们是否还要预留一部分的装修款项。

这也是非常关键的。如果你买的是一套精装的房子，或是一套品相还不错的二手房，那么就可以把装修费用给节约下来。但是如果买的是一套毛坯房，或者是一个比较老的二手房，那大概需要预留 10 万 ~20 万元做一个装修费用，这也是在总可用资金里需要预留的。

除此之外，还有税费、中介费和交易环节的各种杂费，其中契税和中介费是比较大的。

契税其实是比较稳定的，总房价的 1%~3% 这一块需要预留，但是中介费这一块一般来说是 2% 左右。

按照现行的购房政策，首次购房这个地方要注意是指购买在你名下的首套房屋，在购买首套房时的契税基本面积小于 90 平方米的契税大约为 1%，大于 90 平方米的契税大约为 1.5%。

当然每个城市都不同，大家要参考各城市的契税来做打算。

让我们来举个例子，假如说小明有 100 万元的可用资金来选购一套一手房，首先我们需要预留 15 万到 20 万元作为装修和契税，那么 100 万元减去 20 万元，就有了 80 万元的可用资金。

按照购买一手房来算，首付 30%，那 80/30% ≈ 266.7（万元），近 260 万总价的房屋。

但是对于二手房来说，房东要求的首付也是不一样的，这也是二手房比较纠结比较难选的原因。

② 房贷

首先，关于房贷，有两个原则性问题必须提醒大家。

第一，充分享受好国家给我们的制度福利，毕竟现在中国是唯一一个可以借钱给你买房且 30 年还贷的一个载体。

买房一定要用好这个制度福利，能贷多少贷多少资金，这个政策非常重要。

第二，采取适当降低首付比例，拉长还款时间年限的模式。

如果可以选择还 25 年那就绝对不要选择 20 年。同样金额下，贷款时间越长，每个月的还款额也就越少，每个月的还款压力就会少一点，能撬动的资金量收益可能性就越大。

另外也要强调一点，对于每个月的还贷金额，这里建议不要超过家庭总收入的 50%，不然生活质量会很受影响。

其次，我们来聊一聊贷款和还款的方式问题。

通常我们都会使用组合贷款的方式以实现贷款利率优惠最大化。也就是部分的商业贷款加公积金的模式，因为公积金的利率比较低。首选是先使用住房公积金贷款，不足的部分再选择商业贷款。

假如，你刚参加工作，公积金账户的金额并不多，可以选择暂时先不用这个公积金账户。毕竟如果金额太少贷款的额度也不会很大，不如现在先存着不动。

③ 公摊面积

公摊面积是指商品房应当给各家各户分摊的公用建筑面积。涉及公摊面积有下面这么一个公式：

公摊系数 = 建筑总公摊面积 / 建筑总套内面积

根据这个公式，我们可以算出自家的公摊面积是多少。

作为第一次买房的小白要清楚，自己有权或聘请律师向设计单位、规划单位、测绘部门等机构查阅所购房产的相关文件，例如最终设计图纸、最终设计方案、最终面积测量报告、各种数据的计算方式等。一旦公摊面积有问题是可以提出异议的。

此外要留意《商品房买卖合同》中有关公共部位和公用房屋分摊建筑面积的条款，购房人应当在合同中约定公摊面积的数字，详细约定公摊的具体部位、面积大小。一旦发生纠纷，购房者就可以以合同约定来保障自己的利益。

那公摊面积是不是越少越好呢？并不是的。一般来说，6 层及以下的住宅公摊系数为 7%~12%，7~11 层住宅公摊系数为 10%~16%，一般正常无底商的小高层住宅，公摊系数在 10%~15% 之间；如果是带电梯的小高层住宅，公摊系数会相对高一些，公摊系数可达到 15%~20%。12~33 层住宅公摊系数为 14%~24%；别墅类的公摊系数为 1%~8%。

如果公摊系数太小的话，整个公共居住的面积会非常小，或者一层楼有十几户，这样的房子通常来说舒适度就会大大降低了。

所以在做预算的时候，一定要把公摊面积计算进去，假如要购买总价在 260 万元的房屋，那么平均每平方米 3 万元的情况下，可以买总面积大约 86 平方米的房子，而公摊面积一旦达到 10%，其套内面积只有 80 平方米不到。

（2）谈价

① 如何找到价格比较低的房子？

首先，首次开盘的项目价格都不会太高。

开发商为了营销考虑，都会采取小步快跑的策略，迎合大家买涨不买跌的心态，首次开盘定价太高，后面如何涨价呢？定价太高卖不动，后面再降价也会比较麻烦。

另外一个原因就是行业秘密，一般开发商都是有关系户的。第一批房子里面关系户和内部员工购买的最多，他们的价格一定不会太高。

其次，可以考虑有政府背景的非专业开发商。

首先因为这类开发商不专业，购地成本低，营销不会太强，国企团队求稳才是目标，价格一样不会激进。

这种情况大小城市都会有，买房的时候大家用点心去筛选就好。

再次，年底买房是一个不错的时机。

很多开发商都会有年度销售指标，尤其是那些上市企业。如果当年的指标没有完成，那么毫无疑问 12 月就会选择降价，跟商家年底清仓是一个逻辑。如果你正好打算年底买房，可以关注一下这家开发商的新闻，看看年底指标有没有完成。

最后，可以选择那些不懂营销的企业。

售楼处的营销做得越好的楼盘可能越贵。而那些不懂营销的现场接待做得很差的企业有两种原因：第一种是可能对自己的房屋价值认知不足；第二种是对这个项目根本就不在乎。但是不论是哪一种心态，都说明了对价格的预期不会很高。所以要相信“羊毛出在羊身上”，太多的营销方式可能到最后都是要客户埋单。

② 如何计算你的房价是否合理？

第一，土地成本计算法。

房价的最大成本是土地成本，而所有楼盘的土地成本都是公开的。

有些地区，1 平方米土地的价格，就相当于商品房单平方米价格的 80%。地价才真正决定了房价的成本。

而其他的融资成本、管理成本、建筑成本等综合成本也是固定的，一般大城市每平方米都是 1 万元左右，三、四线城市六七千就差不多了。这样的话，我们运用小学的加减法大概就可以算出一套房子的成本价。大家在入手房子之前先算算，大概就能算出房价在多少钱属于合理范围。

第二，周边对比法。

一般来说一手房比周边的次新房贵 15%~20%。

还有的人是按照一手房与二手房的比值（1 ∶ 0.8）来推算，两种算法差距都不大。这样就可以通过中介了解到周边的次新房来算出一手房的价格。和周边对比一下，大概就能知道你现在看上的房子是否定价合理。

第三，未来发展预计法。

一般来说，有升值预期的房子绝大多数都与交通设施有关系，比如近 2 年内会有地铁开通或者大的主路开通，或者高速开通等信息。城市化的进程在不断加速，而你一定要到自己城市的规划局查清楚自己看中房子的地段的规划如何。如果发展有预期，一般开发商就会提高价格来卖，赚取一部分未来房子的价值。

例如，我们拿最近地铁开通了的一个区域房价，和两年前它的房价做一个对比。这个信息很容易查到，在“安居网”或者“中国房价行情网”都能查到。

然后，要去查询目前你要买的这个新房和周边老房子的差价，同等条件下如果增加 15% 则属于合理范围；如果超过 15%，那就证明开发商把开通交通的预期已经加价，假如他的加价是 5%。那就要算清楚，你所在的城市一个地区的开通前和开通后的涨幅有没有超过 5%，算好才好下手买，否则的话可能被开发商抬高价格。

掌握了这些一手信息，无论是跟开发商谈价，还是跟中介谈价，你的底气就很足了，因为你已经做足了功课。

3. 等额本息等额本金，我该怎么选

买房的时候还有一个相当重要的问题，就是房贷的还款方式。

银行通常会问：是选择等额本息，还是选择等额本金。

等额本息，是每个月偿还的贷款额度相同，而还贷相对稳定。就是说假如贷款买了一套房，每个月需要还的贷款本金和利息都一样，都是这么多钱。例如，目前一个月需要还的贷款加利息是 7 000 元，那最后一次还贷的金额也一样，也是 7 000 元。

这种方式的好处就是将还本金和利息的压力就平摊到了每个月，前期还贷压力没那么大，每月还款中的本金比重每个月递增、利息比重每个月递减。但是总的利息支出会比较多。

等额本金，这种方式重点在“本金”这两个字，也就是每期还的本金一样多，而利息不同，每个月逐渐减少。虽然前期还款压力较大，但在还款总额上可以节省一些利息。根据剩下需要还的本金计算每期的利息。

那在这两种方式上应该怎么选择？

假如 A 借了你 200 万元，A 可以选择明年还 200 万元，也可以选择 10 年后还 300 万元？如果 A 选择了明年还 200 万元，证明 A 对利息负担很敏感，即选择等额本金的方式；如果 A 选择 10 年后归还 300 万元，那证明 A 对还款期限很敏感，即选择等额本息的方式。

那怎样计算等额本息和等额本金每月的还款金额呢？首先我们搜索一下，找到招商银行的贷款计算器。

输入 100 万元贷款本金，4.9% 的贷款利率，10 年的还款期间，也就是 120 个月。选择等额本息还款，点计算。

按揭贷款计算器（等额本息还款/等额本金还款）	
贷款金额	1000000 元
贷款期限	120 月（1-360）
贷款年利率	4.9 %
还款方式	等额本息还款 ▼

从图中可以看到算出来的结果是，总利息要归还 26.69 万元。

还款方式	等额本息还款	还款总额	1 266 928.75	利息总额	266 928.75

期数	月供	月供本金	月供利息	本金余额
1	10 557.74	6 474.41	4 083.33	993 525.59
2	10 557.74	6 500.85	4 056.90	987 024.75
3	10 557.74	6 527.39	4 030.35	980 497.36
4	10 557.74	6 554.05	4 003.70	973 943.32
5	10 557.74	6 580.81	3 976.94	967 362.52
6	10 557.74	6 607.68	3 950.06	960 754.84
7	10 557.74	6 634.66	3 923.08	954 120.18
8	10 557.74	6 661.75	3 895.99	947 458.43

我们发现，采用等额本息的方式，前期基本上都在归还利息。到了归还期 1/3 的时候，利息已经归还了累计 14 万元多，已经超过了总利息的一半，而此时本金还剩下 79 万元，还有接近 80%。

这种还款方式越到后期，越不值得提前还款。

所以如果选择等额本息还款，只要还贷期间超过了 1/3，就不需要提前还贷了。

那么同理，我们看等额本金，用刚刚演示的方式来计算的结果：

在同等的条件下，等额本金所需要支付的总利息比等额本息方式要少 2 万元。

还款方式	等额本金还款	还款总额	1 247 041.67	利息总额	247 041.67

期数	月供	月供本金	月供利息	本金余额
1	12 416.67	8 333.34	4 083.33	991 666.67
2	12 382.64	8 333.34	4 049.31	983 333.33
3	12 348.61	8 333.34	4 015.28	975 000.00
4	12 314.58	8 333.34	3 981.25	966 666.67
5	12 280.56	8 333.34	3 947.22	958 333.33
6	12 246.53	8 333.34	3 913.19	950 000.00
7	12 212.50	8 333.34	3 879.17	941 666.67
8	12 178.47	8 333.34	3 845.14	933 333.33
9	12 144.44	8 333.34	3 811.11	925 000.00
10	12 110.42	8 333.34	3 777.08	916 666.67
11	12 076.39	8 333.34	3 743.06	908 333.33
12	12 042.36	8 333.34	3 709.03	900 000.00

当还款到 60 期时，也就是一半的时候，利息已经归还了 18 万元，已经超过了 70% 的进度，而本金只归还了 50%，也就是说此时用余下 30% 的利息就可以撬动 50% 的本金了。

A	B	C	D	E	F
期数	月供	月供本金	月供利息	本金余额	累计归还利息
1	12 416.67	8 333.34	4 083.33	991 666.67	4 083.33
2	12 382.64	8 333.34	4 049.31	983 333.33	8 132.64
3	12 348.61	8 333.34	4 015.28	975 000.00	12 147.92
4	12 314.58	8 333.34	3 981.25	966 666.67	16 129.17
5	12 280.56	8 333.34	3 947.22	958 333.33	20 076.39
6	12 246.53	8 333.34	3 913.19	950 000.00	23 989.58
7	12 212.50	8 333.34	3 879.17	941 666.67	27 868.75
8	12 178.47	8 333.34	3 845.14	933 333.33	31 713.89
9	12 144.44	8 333.34	3 811.11	925 000.00	35 525.00
54	10 613.19	8 333.34	2 279.86	550 000.00	171 806.25
55	10 579.17	8 333.34	2 245.83	541 666.67	174 052.08
56	10 545.14	8 333.34	2 211.81	533 333.33	176 263.89
57	10 511.11	8 333.34	2 177.78	525 000.00	178 441.67
58	10 477.08	8 333.34	2 143.75	516 666.67	180 585.42
59	10 443.06	8 333.34	2 109.72	508 333.33	182 695.14
60	10 409.03	8 333.34	2 075.69	500 000.00	184 770.83
61	10 375.00	8 333.34	2 041.67	491 666.67	186 812.50

此时就可以不用考虑提前还贷了，接下来，就是用一个较少的利息撬动一个比较大的本金了。

4. 作为家庭支柱，安全保障是一种消费

作为家庭 CFO 的女性，更加应该加大在保险方面的规划，其实保险才是理财的第一步。

为什么说保险应该摆在理财的前面呢?

因为它能够保证我们在发生意外、有了疾病之后，依然有正常生活、支付负债的能力，所以是第一时间必须保证的。

所有的其他理财行为都是锦上添花，只有保险这种理财行为是雪中送炭。

（1）给大家谈谈保险的四个原则

第一个原则：把保险当作消费。

大家在买保险的时候肯定经常会遇到保险经纪人推荐各种各样的险种，如果一种是每年缴交 3 000 元，交 20 年，老了之后拿回本金；另一种是每年交 300 元，老了之后完全拿不到任何本金，你会怎么选呢?

实质上，很多人都会挑花眼。

此刻，我们必须认清楚保险的本质。

丘吉尔说："保险是唯一的经济工具，能够保证在未来一个不可知的日子，有一笔可知的钱。"

保险这个金融产品，本质上是花小钱，防范一个我们承受不了的风险。

也有人说保险是一种杠杆，用很小的钱就撬动了一个巨大的保护金额，在这个金额下你不用担心自己遇到什么风险就可以安心地把一些闲钱投资在有一定风险和波动的投资品上。

所以，必须从潜意识里把它看成一种必需的消费而不是一个产生回报的理财产品。

但是现在保险公司都不会那么直白地把保险卖给大家，他们都会包装一些包含了大量风险消费之外理财缴费的保险产品给你。

换句话说，本来拿出 10 元钱就能做好的防范风险的费用，就得需要掏出 100 元。其中 10 元钱被保险公司做防范风险的事情，90 元给保险公司去理财，等到几十年之后，也不过是还给你本金。

然而拿着 90 元去理财，哪怕买个货币基金也能拿到 3% 年回报率，10 年就是 30%，收益远远不止 90 元，而且钱还在自己的手上更加灵活。

所以消费型保险应该是购买保险的首选，而不是返还型和分红型。

关于保险的投保费用和额度，要遵守“**双十原则**”：

① 家庭年缴保费，占家庭年收入的 10% 左右。

② 保额，要达到家庭年收入的 10 倍。

这个双十原则适用于普通大众，然而到具体个人还是可以进行调整的，未必普适于所有人。

第二个原则：给对的人买对的险种。

保险有四个分类：意外险、重疾险、补充医疗险，最后一个是寿险。这个顺序，也是我们购买保险的“一般顺序”。

意外险可以说是保险里面杠杆最高的种类，主要针对意外造成的残疾和身故来赔付。请注意，一般来说它不针对意外医疗。它的保费很低，是买保险的入门好选择。

重大疾病险，针对“可理赔”的重大疾病造成的风险。这个险种基本上一旦确定患病，或者要做某种治疗，就可以按保额内全额赔付，但有封顶。因为赔付够爽快，所以核保也非常严格。

在年轻健康的时候购买，患病的概率比较低，保费相对便宜，而且被拒保的概率也会很低。它也是家庭支柱必备的保险，万一不幸，也不用担心因为不能工作而失去收入来源。

补充医疗险和重大疾病险的差异是，补充医疗险保障的是患普通疾病入院治疗的费用，是报销型的，也就是花多少赔多少。而且通常有

1 万元的免赔额，不能够每年续保。但是它保费比较低，对于生病住院也是一个较好的补充。

最后，**寿险**是不管是生病还是意外造成的身故，保险公司都要赔偿，它主要的是保证家庭成员，能够不用负债度日，生活有保障。

人在一老、一少两个时期，其实都不会成为家庭的经济支柱，这个阶段如果不幸身故，对家庭不至于造成重大经济打击。

购买保险的顺序一定要优先考虑的是家庭的经济支柱，也就是收入最多的那个，然后再考虑收入第二多的人。其次是孩子，因为他们的经济来源完全依赖于父母。最后是父母，因为他们可以购入的保险种类相对要少很多。

第三个原则：给保险配对的保额。

意外险应该配多少保额？意外险的伤残共分八大类，伤残程度从低到高有十级，相应的意外伤残保险金给付比例也为 10%~100%，所以意外险的保额一定要高，否则按照赔付比例赔付下来已经杯水车薪。至少需要购买 30 万 ~50 万元的保额才是一个合理的范围。

重疾险，医保的确可以覆盖一部分。但是医保统筹保障有一个封顶值，这个数字每年都在变动，从十多万到数十万不等。所以，如果一旦碰到住 ICU 的情况，几十万是完全不足够覆盖医疗费用的。

另外还要考虑到，治疗还只是第一步，术后休养还需要等一段时间，因此千万不要忘了重疾导致的收入损失也需要重疾险来弥补，**这也就是为什么重疾险也被称为工作收入损失险，保额以大病治病支出 + 五年休养的支出为比较合适。**

所以如果要购买重疾险，30 万元可以说是一个最最基本的保额，如果再把通货膨胀的因素考虑进去，理想的保额应该在 50 万元以上。

补充医疗险，保费较低，在保险预算充足的情况下可以配置百万医疗险，目前医疗险当中性价比最高的也是百万医疗险。保额在 100 万 ~ 300 万元不等。

寿险，一般来说，寿险配置的额度我们这么安排：

- 个人资金预算不太充足的情况下：

寿险保额 = 家庭负债总额 - 家庭现有现金或随时变现的金融产品余额 - 保终身的重疾险保额；

- 个人资金预算充足的情况下：

寿险保额 = 家庭负债总额 - 家庭现有现金或随时变现的金融产品余额

另外有一点，在投保的时候要考虑的是要买定期还是买终身。

如果你的收入比较充裕，而且理财能力不强的话，建议直接买终身；如果经济能力一般有一定投资理财能力，建议还是可以买定期。

有的人觉得通过复利的方式买定期比较划算，但是前提是要有比较克制的消费观念和一定的理财能力。否则还不如把钱放在保险公司给自己终身的保障。

第四个原则：是一定要指定受益人。

保险合同如果不指定受益人，自动默认是你的法定继承人受益，但不指定的话，一旦身故这就是你的法定遗产，如果你的资产不足以抵销负债的话，很可能会第一时间被债权人要求法院强制用于负债的偿还。

此外还可能引起子女争抢赔偿额，如果遗产税开征甚至会被确认为征税范围。

所以建议指定一个明确的受益人，这个人是可以更改的，如果生活有了变化，例如离婚等，还是可以变回来的。

（2）手把手教大家到底要怎么看保险产品

虽然本章节主要讲新婚夫妻的理财方案，但保险方案是贯穿一生的，下面先从单身时期开始讲起。

① 单身期的年轻人

这时候有了赚钱能力，就意味着有了收入来源。此时，你初出茅庐，收入不高，购买保险应该是要保证基础的保障之余，承担一定的财务责任即可，保额一定要以性价比为主。

这个阶段，一个单身青年面临的财务风险有哪些呢？

首先，如果父母此时已经退休，没有了你这份收入，父母很可能就无人赡养，你需要配置一份寿险来转移这部分风险。

如果这个时期你的父母依然有工作，那如果你的收入可能相对而言只是小水龙头，那你就不是家庭的主要经济支柱，寿险可以考虑暂时不用配置。

其次，年轻人这时候精力旺盛，在外的时间比较多，配置比较便宜的意外险来转移身故或者残疾的风险。

最后，这时期一旦得了重疾，虽然有医保可以覆盖一部分医疗支出，但是你也会有一段时间不能工作，请郑重考虑购买重疾险来转移这个风险，而且这时段，购置重疾险的保费并不高。

如果这时候，单身的你一个月也就是三四千元钱，那么我会建议你主要利用互联网保险来给自己配齐保障。互联网保险主要的优势是销售环节比较简单，减去层层销售费用后，保费相对较低，比较适合刚刚出来工作的年轻人。那你可以怎么配置呢?

a. 买一个高性价比的一年期意外险，而且最好是带意外医疗的，保额在 30 万元左右，保费也不会超过一年 300 元。因为大家知道意外的赔付是按 100% 到 10% 十级赔付的，所以还是买够足够的保额更重要。

b. 搭配一个定期的重疾险，保障到 60 岁即可，保额也不用定得太高，一般按目前年薪的 5 倍左右，例如 30 万元的保额配置就足够了，一般来说购买性价比比较高的产品的话，一年 2 000 元的保费已经足够支撑。

如果手头上相对比较宽裕的话，那么建议:

a. 加一个保额 30 万元的定期寿险，增加对父母赡养义务的一个风险转移。一年的保费千元以内就可以搞定。

b. 购买一个百万医疗险，保证自己有什么没有达到重疾标准的疾病入院的时候，可以获得一个经济支撑和缓解。价格也不贵，一般身体没什么问题的在几百元以内可以搞定 100 万元的保额。

② 有了家庭之后的家庭支柱

这个时候配置保险的必要性就更大了。除了同样应该防范意外、重疾之外，更应该注重的是防范一旦你有什么不幸，整个家庭的负债无法归还的风险。这时候还可以配置一定保额的寿险。

这个过程中可以把之前针对单身规则的定期寿险、定期重疾进行一个保额或者期限的升级。

具体怎么操作呢？

a. 意外险考虑增加保额，例如把原来的 30 万元保额提高到 100 万元，甚至 200 万元，这个保费也不会超过 1 000 元。

b. 对于重疾险，建议这个时候追加一份到 70 岁的，或者终身的重疾险，并且考虑把重疾险的保额，按照这个时候的年薪水平的 5 倍重新配置，考虑到通胀水平，至少要买够 50 万元以上才比较符合这个阶段的人生情况。

30~40 岁这个阶段是人生中特别适合买保险的阶段，收入也比较小康而且身体情况还可以，可能很多保险都能买，到年纪再大一点身体出现各种小毛病就买不到健康险种了，**所以建议大家在能力范围内给自己配置一个预计 5 年内年薪 5 倍的保额。**

例如，现在年薪 20 万元，预计 5 年内涨到 50 万元，可以放大胆去配置一个 250 万元的重疾保额，这样也比较好地能够为自己的将来及早配足保额。

c. 最重要的是，这个阶段应该一定要根据你对家庭负债总金额配置一份定期寿险，保证家庭责任的延续。

你的家庭债务总金额 = 赡养父母 + 抚养子女 + 家庭债务房贷车贷总额。

如果你说，我 30 岁了工作也不太好，还要养家，还不太宽裕，能不能减少一点寿险保额？

可以的。

你的定期寿险保额可以 = 赡养父母 + 抚养子女 + 家庭债务房贷车贷等等的总金额 - 家庭随存随取现金（例如现金 + 随时可取的货币基金）- 已经购买的全面保障身故的重疾险保额。

所谓全面保障身故的重疾险有必要说明一下。有一些重疾险产品，条款比较宽松，无论你是重疾、意外或者其他原因死亡，只要身故就会赔付保额，所以充当了一部分的寿险功能。如果买了这个类别的重疾险，就可以把重疾险的保额去掉。

定期寿险买到 60 岁就可以了，那一个性价比高的定期寿险，200 万元保额的话，只需要 700~1 500 元一年的保费就可以解决。

d. 这阶段应该给自己的身体情况一个非常舒适的安稳的补充，非常建议这个阶段一定要选择医疗险，而且关键是要看保证续保，赔付比例要高，最好是没有特殊限制，以及医保用药可以报销。

③ 给孩子配置什么保险

孩子不需要背负养家糊口的责任，但是一旦得病或者意外出了什么事情还是很耗费家庭的财力的。所以他给家庭带来的最大风险，来自健康风险。

给孩子买意外险，一定要买带比较高额度的意外医疗的保险。本质上孩子不能给家庭带来收入，这个意外保险核心还是要防止他因为意外入了院要治疗的费用。

要选择覆盖了儿童常见重疾的重疾险，这个额度建议就是治疗疾病的费用，加上为了这件事情可能失去的收入至少也要买够 30 万元才算是起点，如果再考虑到多年的通胀问题，建议买够 50 万元左右。

医疗险还是强烈建议购买百万医疗。虽然孩子在 3 岁之前百万医疗保险的保险费有点贵，但是还是值得的，千元左右的价格可以保障孩子生病带来的家庭财务冲击，其实杠杆也算很高。

④ 给老人如何配置保险

为什么最后考虑老人呢？因为老年阶段可以买的保险险种真的不多，也容易出现保费比保额还高的现象。

老人身上面临的风险和孩子差不多，即健康风险和意外风险。

当然老人和孩子最不一样的地方是意外险可以买到，但是医疗和重疾险未必能买到。所以建议先配置意外险，50 万元的额度，最好是带骨折医疗赔付的老人专属意外险。

然后再考虑医疗险和防癌险，这两种在老年阶段还能否买，建议医疗险能买就配置 100 万元，防癌险基本上报销型的最高只有 200 万元左右，建议经济允许按最高可以买进去的额度配就好了。

最后要强调的是，**要给父母上医保**，医保是目前对老年人来说最友善的保险，包括平时到医院看病也有 300 元的门诊额外报销额度，在住院的时候也是一个非常好的基础保障，这个一定要买。

第 3 章

成熟女性，你的财富规划也该升级

对于有萌宝和老人的家庭来说，每个人都充满着对金钱的渴求。想要给孩子十足的安全保障；也要给他们准备一套高性价比的学区房；要为年迈的父母购买适合的保险，还想他们妥善保管好养老金不被人骗走……

想做的事情有很多，每件事也不能懈怠。

但是即便你有三头六臂依旧茫无头绪，那么看完这一章，所有的问题，对你来说都不是问题。

3.1 孩子的未来和保障，你规划好了吗

1. 儿童保险：500 元可以保护孩子的健康成长

孩子是我们的心头肉，每一位家长，都希望把最好的留给孩子。但是，除了给他买最好的衣物、玩具，给他上最好的兴趣班，也许家长还需要给他的生命安全加一个保护垫。

我接到过很多家长的咨询：我给孩子买了教育金保险，我还要给他买什么保险？我觉得买 50 万元保额不够，该退保重新买吗？

其实在给孩子买保险之前，我们必须先学一点关于保险的基础知识，方便我们在挑选保险时有一个好的认知。

（1）不要忽视最基础的医保

我记得之前看过一部电影《找到你》，是姚晨和马伊琍主演的。电影里面马伊琍饰演的保姆孙芳，因为给女儿珠珠治病钱不够，最终只能被强制出院，最终女儿病死在医院外。

对于母亲来说，这个打击可以说是锥心刻骨的。然而，其实孙芳作为一个农村妇女，可能对少儿医疗保险了解甚少。

在我们配置商业保险之前，最好先给孩子购买医疗保险，这是最基础也是非常划算的一个保障，各地规则略有不同，一般 100 多元钱保一年，每年续交，保障的时间一般是当年的 9 月份至次年的 8 月份。

医疗保险（下称医保）可以用来报销一定范围内的门诊、住院等医疗费用，大部分地区门诊的起付点是 300 元，最高支付额度是 3 000 元，而住院一般支付额度都在 8 万 ~10 万元，如果是重大疾病住院，最高支付的保额，各地不一样，例如深圳、上海，年度支付有 20 万元，也有的地区稍微低一点，具体可以拨打当地社保热线咨询。

这是国家送给我们的基础保障，建议在小孩子出生第一个月开始就去办理，切记要到当地社保局咨询办理流程，这样可以避免走很多弯路。

（2）给孩子配置带较大额医疗保额的意外险

前面我们提到意外险是一个杠杆最高的险种，小朋友比较贪玩，磕磕碰碰也是常有的事情。给孩子配备意外险，核心还是要看意外医疗的保额有多少，以及赔付的条件是不是苛刻。当孩子发生意外，残疾或者身故时，会对家庭造成经济冲击的，意外险的身故和残疾赔付额，本质上在买保险花小钱防范巨大的经济风险的原则上来看，大可不必。

这里要注意的是，有的产品是不限制报销范围的，而有的产品只能在社保范围内才能报销。这些建议尽量选择不限制报销范围的险种。

意外险的费用一般比较低，基本上 100 元左右就可以保障好。大家需要结合自身的具体情况，从保费、保额、保障的范围等几个维度来进行权衡。

大家可以用一个 Excel 表把了解到的保险具体的条款列出来进行对比（现在通过微信、支付宝、互联网的保险平台都可以非常方便地对比和挑选到合适的保险）。例如下面这样，然后分析出哪个产品更适合孩子。

保险公司		太平洋保险	众安保险
产品名称		护身福	个人综合意外
购买渠道		微信	
投保年龄		16～65岁	0～56岁
意外伤害	意外身故	50万元	10万元
	意外伤残	5万元	10万元
	火车/驾乘	/	额外10万元
	猝死保障	50万元	额外20万元
意外医疗	报销额度	50万元	2万元
	报销范围	不包含意外医疗	不限社保范围
	免赔额	0免赔	0免赔
	报销比例	100%	100%
特色	住院津贴	/	/
保费		5元/月	140元
优劣分析		优势： 保费便宜，投保方便 劣势： 16岁才能投保，不包含意外医疗	优势： 保费便宜，投保方便 有意外医疗但额度较少

（3）必配重疾险

医保住院支付的比例，一般能够达到 70%，也就是说，有 30% 是需要自己负担的。而且，每个地区对于医保大病住院也有封顶支付的价格，万一治疗费用高于封顶支付费，怎么办呢？

建议：在给孩子配备了基础的医保和意外险之后，要加配重疾险。

给孩子配置重疾险时，需要知道以下这几方面的内容：

第一，儿童重疾险的侧重点和成年人重疾险不太一样。儿童重疾比较高发的有小儿麻痹症、白血病、重症手足口病等，需要重点保障，查看条款时要认真。

第二，如果预算有限，建议保障期到 30 岁，这样孩子有了收入来源，也可以自主选择。如果保障期到 60~80 岁，产品周期较长，价格相对来说也较高。另外，保险产品的更新比较快，保障期短的话可以适时进行调整。

第三，保额一定要买足。保额怎么计算呢？这里建议，首先按照治疗重疾所需要的医疗费，大概是人民币 30~50 万元的金额，再加上你个人的误工费用来预计整个保额的总数。

误工费用，可以用目前的日薪，乘以可能误工的时间来参考计划。

（4）补充医疗险也非常重要

补充医疗险主要是保障儿童的住院医疗、特殊门诊及门诊手术的医疗费用。

由于现在一些重大疾病的住院费用十分昂贵，所以目前网络上主流的医疗险保额都是百万元起步的。

有的医疗险，在包括了住院报销之外，还能报销特殊门诊医疗。什么叫特殊门诊呢？

它是指，因意外伤害或者因疾病在医院进行门诊肾透析、门诊恶性肿瘤电疗、化疗或放疗，保险公司也会支付所发生的费用，年交保费也不多，大概在 100~300 元之间就可以拥有百万的额度，这对于一般家庭来说非常值得购买。

（5）教育险，需要大家注意的

每位家长都希望自己的孩子能出人头地。

我自己也是一个母亲，对孩子的成长也非常关心，那么教育险是否应该购买呢？让我们来分析一下。

这里以其中一款教育金保险为例，它可以附加重疾险，每年的保费是 7 133 元左右，连续交 10 年，在孩子 25 岁可以获得 10 万元的教育金，在什么重疾险都不附加的情况下，我们用 Excel 表的 IRR 公式（内含利率），算一下到底这个回报率是多少？

返还比例高达120%　特定重疾最高60万　600天住院津贴补偿　投保人豁免显关怀

投保人出生日期	1992-11-16
投保人性别	男　女
被保险人出生日期	2018-08-01
被保险人性别	男　女
基本保额	1万元　2万元　3万元　4万元　5万元　10万元
附加少儿危重疾病保额	0元　10000元　20000元　30000元　40000元　更多选择
附加少儿特定疾病保额	0元　10000元　20000元　30000元　40000元　更多选择
附加住院津贴保额	0元　50元　100元　150元
保障期限	至25岁
缴费类型	年交
缴费年限	5年　10年
保费豁免	含　不含
附加险缴费年限	不投保
保费	¥ 7133.00

	保费/保额（元）
第1年	-7133
第2年	-7133
第3年	-7133
第4年	-7133
第5年	-7133
第6年	-7133
第7年	-7133
第8年	-7133
第9年	-7133
第10年	-7133
第11年	0
第12年	0
第13年	0
第14年	0
第15年	0
第16年	0
第17年	0
第18年	0
第19年	0
第20年	0
第21年	0
第22年	0
第23年	0
第24年	0
第25年	100000
实际收益率	**1.74%**
公式	=IRR(B2:B26)

这个结果是 1.74%。

作为理财型的保险，仔细算下来，有些产品的年化收益，甚至连定期存款的利率都达不到，你会感觉明明是存钱，偏偏要存到保险公司，到最后还取不出来。

如果，我们不选择教育金险搭配重疾险，而是单纯购买消费型的重疾险，是怎样的一个结果呢？如果购买单纯的消费型重疾险，30 万元保额，每年缴纳的保费大概是 300 元左右，因此总体缴纳的保费是低了非常多的。如果把这部分少交的保费放在自己手里理财，相信比较容易能产生高于 1.74% 的收益，这样比较下来，当然是购买消费型的重疾会比较划算。

2. 教育是大事：如何买一间高性价比的学区房

买学区房这件事，很多家长都很头痛，主要原因就是钱不够。

巴菲特说得好，宁愿用合理的价格买优质的，也不用低廉的价格买合理的。

对于我们来说，买学区房，不仅是自住的刚需，也有助于孩子今后的教育。所以从这个角度来说，买学区房是一个保值增值“确定性”特别强的事，是非常值得的。

那么，问题来了，要买一间学区房应该怎么规划呢？

（1）先问自己，是不是非学区房不可

是否执着于学区房，而忽视了教育本身。《羊城晚报》做了一项调查，四成的人表示，学区房比一般房子贵 30% 以上。《河南商报》联合百度调查，发现买了学区房自己住的只有 21%，其他人等孩子毕业了都会打算卖掉它。

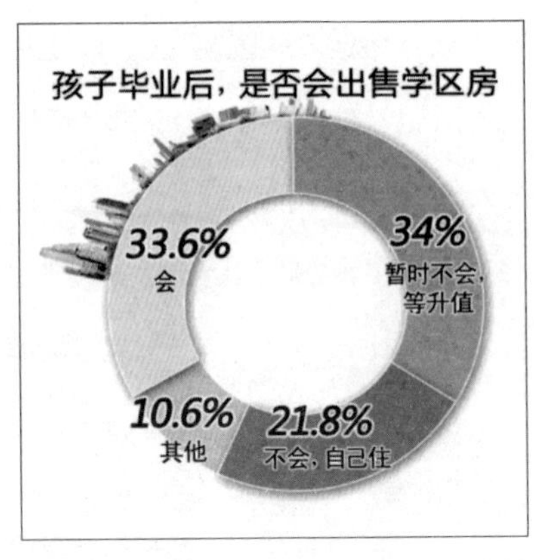

超过六成的受访者表示，不需要超过 100 平方米的学区房。

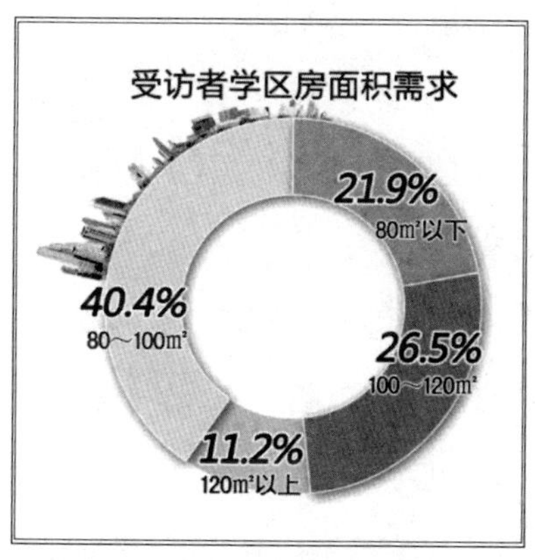

这些调研事实都说明了：

学区房贵，大家只买得起小的（实际上应该住得并不舒服）；大部分人不喜欢它，而是对它“用完即弃”。

然而，这样一个“被购买”的东西，咱们按一线城市一个房子至少 500 万元计，贵三成即多了 150 万元。

150 万元资金，20 年大概增加 140 万元的贷款利息。

是不是非常可怕？这样的利息，足够在大城市里找一个很好的私立学校了。有朋友可能会说，学区房保值高，升值快。

“升值快”我并不认同。毕竟，原价基数那么高，房价已经这么贵了，升值的空间已经被开发商或者前一手业主占领了不少。

就好比，你想买一块蛋糕，但是拿回来之前，已经被路人甲乙丙丁吃掉了大半，到你的手，已经只剩下一小半。甚至你吃到的比一个完整的小蛋糕还要少，这怪谁呢？

学区房对应的学校对孩子的教育不一定就是最好的。

（2）学区房到底怎么买才算划算

有些朋友可能还是会觉得不想欠债，于是打算等合适的时机再买。

我们该全款买房，还是贷款买房？需要考虑以下两点：

第一点，资金流动性。

一套房的价格并不低，可能是我们工作了数十年的积蓄，如果非要全款买，就要考虑买房之后的生活，是否会拮据。而如果选择贷款，则可以保证较好的资金流动性。

所以敲黑板划重点，家庭投资生息的资产占比，最好超过 50%。如果，我们通过贷款的方式买房，而不是全款支付现金的方式买房，那么我们就可以获得更多流动资产的掌控可能。这些流动资产，我们可以用于购买股票、基金等其他生息资产，这样对于我们的生活更有保障。

所以，假如我们遇到了合适的投资品，且所得利息超出贷款利率，这样就有助于整个家庭财政的流动性。

第二点，比较理财收益和贷款利率。

虽然这两年贷款政策收紧，房贷的利率有所提高。但就 2018 年而言，首套房贷款利率约在 4.9%。如果用公积金贷款那就更低了，约在 3.25%。

如果通过合理的理财方式，例如基金定投、购买债券基金、银行理财产品等，年化收益超过 5% 其实是比较容易的。

现金为王，而且政策条件允许的情况下，建议大家选择贷款买房。

那么应该注意什么呢？

第一，房贷金额。

即你能从银行借到多少钱。按照目前大部分城市的政策，购房首付比例不低于三成。换句话说，基本上最高贷款的额度为 70%。但实际上很多朋友可能贷不到这个额度，房屋的新旧程度和性质都会影响贷款额度。

要维持好我们资产配置的平衡和日常的现金流，每个月负债率比例是多少比较好呢？

按前文所述的标准，家庭的资产负债率最好不要超过 50%，如果超过了，家庭经济压力会非常大。

例如，家庭的月收入是 30 000 元，那么每个月的还贷数额最好不要超过 15 000 元，这样才不会影响到生活质量。

第二，房贷期限，即花多久还这笔钱呢？

目前来说，房贷的期限最长可以贷 30 年。很多朋友就焦虑了：我是应该选择 10 年、20 年，还是拉长到 30 年？

这是建议尽量把贷款金额提高，还贷的期限延长。

为什么这么说呢？总体来说，因为利率低，房贷期限越长越划算，而且加上通货膨胀的因素，在 20 年后，还贷的压力会比现在要小很多，毕竟我们的财富也是不断积累和增长的。

具体期限要具体情况具体分析。只有普通住宅才能享受 30 年的房贷，商业用房和商住两用，最多只能贷 20 年。而且银行考虑到后期的还款，会把年限控制在你的退休年龄之前。

第三，房贷利率，这笔房贷要给银行多少钱呢？

中国人民银行每年 1 月都会发布一个贷款利率基本参考值，这个值就叫基准利率。2018 年底的基准利率如下：

2018年最新银行存贷款基准利率表

各项存款利率（银行信息港提供）	**利率**
活期存款	0.35
整存整取定期存款	**利率**
三个月	1.10
半年	1.30
一年	1.50
二年	2.10
三年	2.75
各项贷款	**利率**
一年以上（含一年）	4.35
一至五年（含五年）	4.75
五年以上	4.90
公积金贷款	**利率**
五年以下（含五年）	2.75
五年以上	3.25

那与之对应的有一个叫浮动利率，什么意思呢？

央行发布了基准利率之后，各地的银行会根据当地的房地产政策，给出相应的折扣或者是稍微再涨一点儿，这个就是浮动利率。涨幅是多少，通常看个人的征信记录，以及所购房子的信息是否为首套房等。

如果所购房为第二套，银行贷款额度紧张，那么贷款基准利率可能就会上调 10%~20%。浮动利率一旦约定好了，以后就不会再改变了，但是国家基准利率每年根据房产政策走势会做出调整，所以还款额度跟着基准利率会发生变化，建议浮动利率尽量谈低一点。

第四，房贷的还款方式。

提到还款，就一定会涉及两个词：等额本金和等额本息。

这两个词的具体计算方式前文已讲述，但需要记住：如果希望自己晚点还钱，降低生活压力，就选择等额本息。如果自己的钱不是很紧张，希望少还点利息，就选择等额本金。实质上两者计算出来的利息差额不会非常大，只是归还利息的时段不同而已。

（3）4 步辨别学区房的真伪

第一，如果你在考虑买某楼盘的学区房，可以登录所在区域教育系统网站，查询了解目标学校具体的学区范围，并适时留意各个学校的学区变动。为什么要时时留意这个学区变动呢？其实，学区的设定，每年教育局都会有所变化，而开发商卖房子给你时宣称的学区房，很可能到了孩子入读的年份已经不属于这个学区。因此，购买学区房一定要带心眼儿地查询清楚学区的适用范围。

第二，如果你要购买的学区房是个二手房，而前一任的业主户籍地址就要迁移出去，你的孩子读书时才可以占用该户籍。通常，这个前业主户口迁移的过程必须在你们的二手房交易结束前完成。

第三，及时摸清各个学校对学位的特别规定。一般来说，知名度越高的学校学位越紧张，各个学校细则不同，有的学校学位实行排名制，有的则按照入户时间的优先来确定，所以目标学校对学位申请的具体要求，必须事先打探清楚。

第四，有些户主的户口迁走了，但学位还是被占用了，所以购买学区房的家长要提前搞清楚。同时在合同中应明确学位问题。

（4）对开发商应注意的问题

- 离得近不一定就能入学。

有些名校只有签订协议才能入学，但是一些楼盘的销售员仅仅因为距离近就声称自己归属该学区，买房者买了之后发现孩子无法入学。

按照相应规定，每个学校的招生范围每年都会公布一次，招生范围的确定是以小区或者街道整体划分，这就是为什么前面提到要查询相关的信息的原因。

- 吹嘘名校将会入驻。

现在有部分开发商为了吸引购房者，采用“挂名”的方式，说是名校的分校，这时最好问清挂钩学校与名校之间的合作方式，到底有多少资源真的是名校输送的，你的孩子受到的教育是否真的和名校无区别。

3. 二孩准备：精明妈妈都要算好的一本账

相信每个精明妈妈都有想过这几个问题，就是关于未来要不要生两孩、买车、要不要换大房子等。

对于每个家庭来说，这些都需要经过深思熟虑、反复掂量。最重要的原因是，孩子就是一个“碎钞机”，生出来就要替他负责，那么我们到底要做好多少物质和经济上的准备呢?

下面我们来算一下生二孩的经济成本、房屋成本，人力成本和机会成本。

第一，经济成本。

首先，从二孩的准备和之后的养育经费来算一笔账。

一般来说，孩子的生养成本主要由分娩、养育、教育三大块组成。

① 怀孕期间：基础孕期检查费用大约在 2 000 元，高龄产妇检查项目会增多，费用也会增加。一般来说孕期需要补充的营养品大约在 5 000 元，再加上住院分娩约 5 000~10 000 元，在怀孕期间的花费大概就是 1.2 万 ~1.7 万元。如果孩子早产或患黄疸，还会有额外的医疗费用。

② 养育阶段：从孩子出生到上学前，也就是 0~3 岁。必不可少的就是奶粉、纸尿裤、衣服、各种用品。一个月三四罐奶粉是少不了的，光奶粉的支出就是 1 000 多，一年就是 12 000 元（奶水好的妈妈们费用会少，因为 1 岁内奶粉钱是不用花的），再加上纸尿裤、玩具、衣物、孩子的医疗成本，在养育阶段的消费支出，我们保守估计，一年的总支出大约在 60 000 元。3~6 岁期间，这个费用会有所降低，因为奶粉、纸尿裤已经退场了，但是教育又登场了。

③ 我们这里只考虑到读完幼儿园。孩子上小学之后，义务教育阶段的学费也不会太高，主要支出是在补习和兴趣班上。

幼儿园这段时间，孩子幼儿园的学费加上伙食费一个月大概在 3 000 元左右，教育配套设施比较好的幼儿园，加上每月兴趣班，一年孩子的学费每年在 50 000 元左右是一个比较充裕的打算。

④ 保姆费用：很多事业心比较强的妈妈，如果身边老人不能帮忙带孩子的话就只能一边上班，一边找保姆带孩子。

我们从某育儿网站上查看广州的保姆和育儿嫂的价格，2018 年 11 月均价分别是 6 337 元和 7 488 元，而且对比 10 月的平均行情也有一定程度的上涨。所以，如果孩子养育阶段需要请保姆、月嫂的话，一个月的成本要增加至少 7 000 元，总体一年还要增加 8 万 ~9 万元的支出。

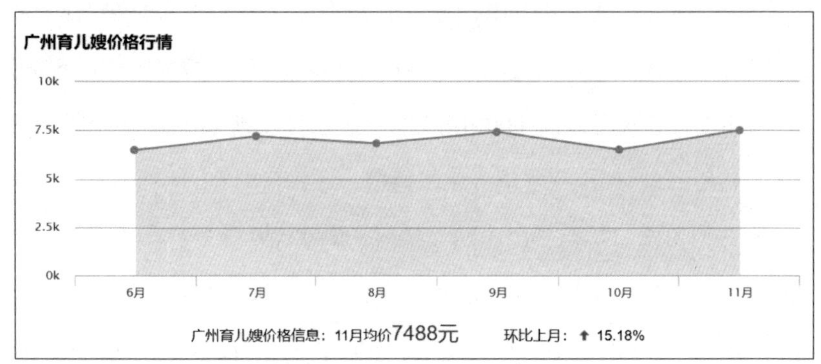

经过上面一系列预算之后，我们把花费用 Excel 列一个表格，算出每年需要花的钱，总共是多少。

按 2%~3% 的通胀率，折算成未来第五年之后的一个最终价值。生个二孩，还没算之后的教育成本，成本已经到达了 88 万元，每年按年金方式计算的投入大概是 12 万多元。

二孩孩子岁数	阶段	花费（元）	保姆/月嫂费用（元）	合计	按2%通胀率折算5年后终值	按年金方式折算每年需要支付多	通胀率假设	年化收益率假设
	孕产期间	15000	10000	25000	¥28,154.06	¥129,476.37	2%	5%
0	婴儿期	60000	80000	140000	¥154,571.31			
1	婴儿期	60000	80000	140000	¥151,540.50			
2	婴儿期	60000	80000	140000	¥148,569.12			
3	幼儿园	50000	80000	130000	¥135,252.00			
4	幼儿园	50000	80000	130000	¥132,600.00			
5	幼儿园	50000	80000	130000	¥130,000.00			
	合计				¥880,687.00			

也就是说，你的年薪从现在开始，就要为这 88 万元存钱，并且需要规划一个存钱的节奏和时间表。

第二，房屋成本。

生了二孩房子不够住怎么办？这个成本可能是很多二孩妈妈没有考

虑到的!

一般来说，如果一个家庭一直是租房子住的话，那可能只是需要增加一个搬家成本，以及租更大房子增加的租金成本。这个成本相对而言大概是每个月增加 2 000~5 000 元不等。

如果你是一个有房子的家庭，而且房子比较小，要从普通两居室换到 3 居室或 4 居室，一个家庭要考虑的经济账就要考虑这些问题：

a. 卖掉现有房子所支付的手续费和税费；

b. 新增购买一个房子所需要支付的手续费和税费。

以上两项，是指在一买一卖过程中的一些交易费用。

c. 增加购买一个新房子所增加贷款额的利息费用。

d. 新的房子的装修成本也要计入其中。

有了以上几个成本的计算，你就会比较清晰地计划出，你的二胎生产，每个月需要投入多少成本，是否有这样的经济储备了。

第三，人力成本。

除了经济上要算一笔账，很多朋友考虑生不生二孩更关键的决定性因素是：家里老人能不能帮带孩子。

我们前面的经济账已经算到 88 万元的费用，对于大多数普通家庭来说，可能请不起保姆了，减少大概 50 万元的成本。

但是表面上减半了，但是孩子还是要人带。怎么办？这里就牵涉人力成本的问题了。

生二胎对经济压力和生活品质的影响不容忽视，教育观念也是触发家庭矛盾的一个重要因素。如果老是依赖父母不行，请保姆又太贵，那可能最终就要靠自己了。

这就是需要考虑的人力成本。

人力成本怎么算呢？假设你父母无法帮你带孩子，而目前你面临的选择只是请保姆和自己带，你现在每个月的工资是 2 万元，那么你有三种带孩子的方式：

第一种，把孩子完全交给保姆带，那么你付出的只是下班之后的时间，这里面你依然可以得到 20 000 元钱，支付的成本是保姆的月薪 8 000 元，那么你一个月的净收益是 12 000 元。

第二种，找一份轻松的工作，请一个便宜的保姆。你的工资下降到了 1 万元，同时支付阿姨的费用也降低到了 5 000 元，那么你每个月的净收益，就是 5 000 元。

第三种，完全自己带，那么你每个月的净收益是 0 元。

当然，在考虑人力成本的时候，也要考虑人力质量。

如果由你亲自带孩子，质量是 100% 的话，那请一个保姆或者父母带加上自己一半时间的付出，质量可以说是 70%，单纯保姆带，质量是 50%。这样计算下来，您的 20 000 元的人力成本，得到的还是比较高质量的亲子时光。

而请保姆呢？你付出的是 8 000 元，但是得到的是 4 000 元的效果。

所以，最终如何在孩子入托之前进行你的职业选择，进行一个合理的衡量，就看最终整个家庭商量的结果，是偏向带孩子的质量，还是在经济上更优惠的考虑。

第四，机会成本。

谈到机会成本，你可能第一时间想到自己在找工作的时候，有些面试官会问到一个问题：你结婚了吗？生孩子了吗？现在，基本上都要加问一句：生二胎了吗？

听起来，这些话对女性比较苛刻，因为在职场上，这是一个不得不面对的重要问题。

虽然提问的人可能只是出于公司成本角度的一种试探，但是，这也是每个职场女性出于自身角度需要考虑的职场机会成本。

我们这里说的机会成本，是指选择的两种可能性。

如果你选择继续专注工作，不生二胎，那你可能得到一个比较好的升迁机会和薪酬增加的可能。反之，如果你选择生二胎，那工作上失去的薪资和发展机会，就是你生孩子的机会成本。

也许你会说，现在生二胎国家不是给补贴吗？

我只能说，生育补贴就像一张“买法拉利减五元，第二辆可用”的优惠券。有人不买法拉利，不是因为车不好，有人买了法拉利，也真不是冲着那张优惠券去的。最重要的，还是算清楚经济成本、房屋成本、人力成本和机会成本几本账。

3.2 如何为父母准备好养老金

1. 父母老了，如何给他们买保险

一个家庭，都会面临上有老下有小的局面。有非常多的中年家庭到30岁之后都会担心给自己老爸老妈没有配够保险。老人的保险应该怎么买呢？

（1）老人买保险会遇到什么问题

保险要趁早买。主要就是因为岁数大，可能面临三个问题：

第一，保险公司拒保，想买都买不到，老人可以选择的险种非常少。

此外，对老年人来说，多多少少身体会有些小毛病，三高、糖尿病也是非常高发常见的，而保险公司对老年人的健康告知就非常严格了，因为这些小毛病也很难买到合适的保险。

第二，保费非常贵，甚至超过可以保障的金额，特别是本身费用就比较高的寿险和重疾险。这里有个词就叫保费倒挂。这样就完全失去了保险的意义。

（2）老人买什么保险不划算

第一个是寿险。

寿险的主要作用是保证在自己去世的时候家庭成员不用受到负债的影响，能正常生活。那老年阶段，其实负债都已经转移到子女身上了，寿险这个初衷也失去了。所以，一般的老人家，我们不建议他购买寿险。

但是有的老人会在这个阶段，希望把自己的资产做个传承，或者和公司的负债做个隔离，能保证自己的财产转给指定的受益人，这是另外一个在遗产继承方面的需求。

目前，寿险的传承功能，主要基于老人希望把资产准确传承给指定的人选，并且希望避免传承过程中产生的税费这些需求。目前我国遗产传承仍未征收遗产税，未来如果开征的话，寿险就可以做到能把保险金传承给自己的子女而不需要任何税费。同时，也不会引起子女对遗产的任何争抢和官司问题，其他债权人也不能因此获得这笔保险赔偿金。

寿险本身就已经指定了受益人，保险公司是会把款项支付给老人想支付的人的。所以，如果有这方面需求的老人，是可以通过购买寿险来完成这个财产传承和债务隔离的心愿的。

第二个是重疾险。

通常老人购买重疾险，因为生病的概率已经直线上涨，因此所要缴交的保费也会非常高，即使儿女们觉得还是想给父母买一个重疾险，哪怕钱再多也不计较，那算盘又打错了。保险公司的精算师可能更清楚这一点，一般投保人的年龄到 60~65 岁就结束了。

老年人不论是寿险，还是重疾险，保费价格都相当高，如果给老年人去买这种在年轻时期购买保费才相对便宜的保险，其实是经常会出现保费倒挂的现象，也就是说，保费比保额还高。

第三个就是养老问题。

很多父母因为晚年没有收入，纷纷把现有的积蓄都用来购买理财型保险，将其当作养老的用途。

那么，保险是什么呢？保险是一种消费，尤其是理财型的保险产品，往往是需要一个长期的缴费过程，过了 N 年之后才能回本获取一点收益。如果父母有这样的打算，作为子女，可以帮父母做一些低风险甚至是无风险的理财，比如买入一些货币基金或者债券基金，定期让他们能看到收益，他们可能会更加高兴。

而寿险、终身重疾、养老型保险都不建议大家给父母购买。

（3）我们还可以给父母买什么保险

① 意外险

意外险保障项目有两项：死亡给付和残废给付。意外医疗险，可以对意外事故产生的合理且必要的医疗费用进行报销。如果已经购买老人意外险的朋友，可以看一下是否有意外医疗保障，一般意外医疗是意外险保额的 10% 左右。

保额做到 30 万元以上比较合理，因为老人自身不需要担负家庭的经济重担，加上自身的保障成本远比成年人高，对于保费杠杆较高的意外险可以尽量提高额度。

② 医疗险

说到医疗险，这里着重讲一下百万医疗险。百万医疗险主要是指用户在投保后，如果发生保险合同规定的险种，用户最高得到 100 万元的赔付。即且这种保险的保费不是很高、保障的疾病类型比较多。对于父母来说，这种百万医疗险是刚需，条件允许的家庭都可以配置，保额是足以应对老人日常看病开支的。

医疗险呢，其实还分为两个版本：一个是买了社保的，一个是没买社保的，无社保的费用可能还要贵出一两千元。所以一年花几百到 1000

元钱去投入一个医疗险是值得的。

医疗险，现在互联网保险市场上，也有一些目前市场续保条件比较好的医疗险，有的可以续保到 90 岁。

不过，要提醒大家注意的是，医疗险对老人的健康状况是有要求的，所以有可能会出现投保失败或者被拒保的情况。

③ 防癌险

针对这种情况，保险公司把对于老人来说最高发的癌症单独拿出来做成防癌险，保障范围缩小了，同时防癌险的价格也比重疾险要低。

70% 以上的重疾理赔案例多为癌症。而防癌险的价格则是同类型重疾险价格的一半左右，或者是多出一点，这么对比起来给老人购买防癌险比直接买重疾险的性价比高出很多倍！

防癌险赔付方式可分为给付型防癌险和报销型防癌险。给付型防癌险也就是说不用拿发票来报销直接按定额给你，这种防癌险的保额通常都比较低，只有 20 万元左右，且对老人的健康要求比较高，相当于精简版的重疾险。报销型防癌险指的是对癌症进行治疗之后，可以对相关医疗费用进行报销。目前比较好的报销型防癌险最高报销额度是 200 万元，对老人的健康状况要求也会降低，相当于低配版的医疗险。

根据上面的方法就可以在老人投保上面做出具体的选择。

比如：

意外险 + 高额住院医疗险 + 给付型防癌险

如果受到健康问题限制，则可以采用：

意外险 + 报销型防癌险

用这种组合方式，基本可以给老人的大病、意外风险做一个全面的保障，此外，建议还要给他们现有的资金做一个低风险的投资配置，这样在老人住院生病时，就有一笔资金可以随时应对。

（4）给父母买保险中的常见问题

我们在买保险的过程中，会遇到很多选择的问题，这里重点讲一下，在购买过程中会碰到的两个问题。

- **给父母买保险，到底是选择保到 70 岁、80 岁，还是保终身？**

买保险是量力而行的事情，并不是越贵的保险越值得购买。

保终身的保险费用比保 70 岁多了 50%~70%，这部分多出来的保费，其实自己做一下理财也很容易，这样可以获得一个较好的投资收益。详细说一下：通常我们建议，保险可以选择到 70~80 岁的年龄，而不必保终身。把剩余多出来的保费自行做理财，这在保险行业里面，叫作“保定投余”——意思就是保险购买定期的，而不是终身的，把多余的保费拿出来做投资自行理财，是一种国际通行的投保理财方法。

所以建议大家给父母买保险时，选择保到 70 岁。然后，帮父母购买一个稳定增值的固定收益类理财产品，方式更加灵活。保障不一定要靠保险，也要考虑钱的时间价值。世界上没有免费的午餐，保终身的保险一定是比保 70 岁的费用高，而且形式还不灵活。

- **我该 10 年交清，还是 20 年？**

通常来说，款项缴纳的时间越短，每年交的保费越高。在同样的时间段，例如交 10 年，另外 10 年不用交的情况下，所能带来的复利收入就越大。

经过计算，但凡交保费都尽量拖长缴纳的年份，这样虽然缴纳的总保费高了，但是你每年可以少交一点，这样一来压力减少，二来留在自己手上用于自主理财的本金也提高了，三来一旦发生理赔，保费缴纳年限较短，也提高了整份保险的杠杆比例，所以总体来说分 30 年缴纳比一次性缴纳保费，或者缩短保费缴纳期限的方案要好得多。

为此，我们以一款复星保险的常见重疾险为例在 Excel 里给大家演算了一遍。

以复星保险的一款常见重疾险为例				
缴交年份	10年交	15年交	20年交	30年交
每年保费(元)	12 495	8 830	7 145	5 670
1	12 495	8 830	7 145	5 670
2	12 495	8 830	7 145	5 670
3	12 495	8 830	7 145	5 670
4	12 495	8 830	7 145	5 670
5	12 495	8 830	7 145	5 670
6	12 495	8 830	7 145	5 670
7	12 495	8 830	7 145	5 670
8	12 495	8 830	7 145	5 670
9	12 495	8 830	7 145	5 670
10	12 495	8 830	7 145	5 670
11		8 830	7 145	5 670
12		8 830	7 145	5 670
13		8 830	7 145	5 670
14		8 830	7 145	5 670
15		8 830	7 145	5 670
16			7 145	5 670
17			7 145	5 670
18			7 145	5 670
19			7 145	5 670
20			7 145	5 670
21				5 670
22				5 670
23				5 670
24				5 670
25				5 670
26				5 670
27				5 670
28				5 670
29				5 670
30				5 670
30年后保费理财本息总收益	¥1 159 669.53	¥1 029 329.16	¥943 246 63	¥842 421.48
				应该选择30年缴交

选择 30 年交，按年理财收益 9% 的假设计算，得出上表的结果。其实每年少交一点保费总体来说拉长来看是一个明智的选择。

2. 规划父母养老金，只需要三招

养老是我们的一个长期目标，在自己年轻的时候，最好就为自己做好财务规划。但是父母如果当初没有做好规划，我们怎么帮他们呢？

不妨先从算一笔账开始吧。

例如，小刘父亲 60 岁退休，目前计划通过理财养老，规划到自己 80 岁，每个月可以领到 6 000 元。

20 年的养老时间，每月 6 000 元，通过计算发现这笔钱还不少。如果考虑通货膨胀为 3% 的情况下，在他退休那一年需要的积蓄总金额是 108 万元；如果不考虑通货膨胀，在他退休那一年需要的积蓄总金额是 151 万元。那要想存这笔钱，我们的理财收益需要达到多少呢？

（1）如何用 Excel 的 PV 公式规划养老金

要准备至少 108 万元养老，这就要靠小刘及时告知父亲开始一个合理的理财计划。该怎么操作呢？假设小刘父亲今年 50 岁，手头上已经存了 30 万元，那从 50 岁到 60 岁之间，父亲仍有 10 年时间赚得工资，这个工资每年能存下 5 万元，那小刘的父亲要做多高收益率的理财组合，才够他退休那年得到的 114 万元呢？

假设，小刘的父亲有低、中、高三种投资回报率的组合，其中低收益率组合为年收益率 3%，中收益率的组合为年收益率 6%，高收益率的组合为年收益率 9%，我们分别用三种组合来计算，小刘父亲在 10 年之后，现有的 30 万元存款和每年能存下的 5 万元存款，一共能获得怎样的投资回报呢？

假设条件	低收益率	中收益率	高收益率	公式
利率	3%	6%	9%	
30万元存款	¥403,175	¥537,254	¥710,209	PV公式
每年5万元结余	¥573,194	¥659,040	¥759,646	PV公式
合计	¥976,369	¥1,196,294	¥1,469,856	

用 Excel 的 PV 公式计算一下，我们就看到，30 万元的存款，在低中高三种利率组合下分别可以得到 40 万元、53 万元和 71 万元三种结果，而每年的工资结余也能分别凑到 57 万元、66 万元和 76 万元，那么也就是说，只要小刘父亲老刘，在这十年做一个大概在 6% 左右的中等收益率的理财组合，即可以获得到 80 岁的养老基金了。

通过上面的计算，我们就非常清楚养老金该怎么规划了。那么到底用什么方法，每期投入一定的钱，就可以长期年化到 6% 收益率的收益？

有些朋友发现了，如果只是谋划父亲老年的每年 72 000 元支出，其实还是不够的，毕竟这只是日常支出，万一老人家生病住院，那可是一笔非常大的支出。

所以，老人保险必须先买，父母的社保也是必须要买，这些加起来就能更好地保障老人的生活。

当买足了老人所需的保险之后，我们就来筹划一下，这个 6% 的投资组合应该怎样稳妥地获得。

（2）如何准备一个 6% 的养老投资组合呢

对于已经退休的父母，子女最大的孝心就是帮父母做一些稳健的理财，选择一些低风险的固定收益类产品，或者低风险低波动的变动收益类产品，让他们可以放心地把多年的财富积累交给你打理。

固定收益类的产品，最重要的一个特点就是低风险。来看看有哪些产品可以选择。

第一，银行固定收益类理财。

银行固定收益类理财，是背后投资方向各不相同、风险存在高低差异的投资品。它并不像货币基金那样，单纯地头像低风险货币类的投资品。

打个比方，就好像我们平时看到的“女神脸”，看着都是高颜值的，但是实质上眼睛、鼻子、嘴巴、耳朵处处都有差异，不是一概而论“女神脸”可以定义。

它们通常投在现金类和债券类资产，保险公司发行的产品，可能是部分债权部分股权；而基金产品类的固定收益理财，往往是按照一定的标准和比例投资现金类、债券类和股票类，有时甚至跨越了低中高三档风险，所以一定要具体产品具体分析。

学会认真阅读理财产品说明书，是关键的第一步。

中银平稳理财计划-智荟系列19890期产品说明书

特别提示：

一、 **理财非存款、产品有风险、投资须谨慎。**本理财计划不保证本金和收益，如出现所投资的金融资产未按时足额支付本息或产品提前终止的不利情况， 则本理财计划将有收益为零和/或本金损失的可能，请充分认识投资风险，谨慎投资。

二、 本产品适合于有投资经验的个人客户和机构客户，如影响投资者风险承受能力的因素发生变化，请及时完成风险承受能力评估。

三、 主要风险列示：市场风险、信用风险、流动性风险等（详见本文“八、风险揭示”部分）。

四、 中国银行股份有限公司郑重提示：在购买理财产品前，投资者应仔细阅读《中国银行股份有限公司理财产品总协议书》、本《产品说明书》、《风险揭示书及客户交易信息确认表》、《客户权益须知》，确保自己完全明白该项投资的性质和所涉及的风险，详细了解和审慎评估该理财产品的资金投资方向、风险类型及预期收益等基本情况，在慎重考虑后自行决定购买与自身风险承受能力和资产管理需求匹配的理财产品；本理财产品的预期年化投资收益率不具有法律约束力，不代表投资者可能获得的实际收益，亦不构成中国银行股份有限公司对本理财产品的任何收益承诺，投资者所能获得的最终收益以银行根据理财产品说明书支付给客户的为准。对于理财产品本金及收益的约定，双方应以本理财产品的《产品说明书》内容为准，双方不得以签署补充协议在内的任何形式进行修改。

五、 在购买理财产品后，投资者应随时关注该理财产品的信息披露情况，及时获取相关信息。下面产品评级和相关描述，为中国银行股份有限公司内部资料，仅供投资者参考。

风险级别：2	中低风险产品	本金亏损的概率较低，但预期收益存在一定不确定性的产品
流动性评级	中	本产品期限较短，但不能提前赎回。
适合客户类别	经中国银行股份有限公司风险评估，评定为稳健型、平衡型、成长型和进取型的个人客户、机构客户	

（图片来自百度）

理财产品的说明书一般都会涉及这些内容：

- 该产品有什么风险
- 该产品风险防范的措施
- 理财产品的风险评级
- 理财产品最终投资的标的物是什么
- 这个产品的基本条款，包括管理费率、类型、申购赎回计息方式、收益率、交易规则等。

到底怎么看这个产品该不该买，具体判断时，可通过下面这四个维度：

第一个维度是 what，首先要看看产品到底是什么。这怎么看呢？可以通过查看产品的说明书，看看它是投资在债权还是股权，是否还是其他货币工具。如果产品的风险评级为稳健型，投资标的是货币类产品，那可以说是比较安全的产品类别。

第二个维度是 who。到底谁在做这个产品，实力又如何？比如说，我们看到某银行理财产品的发行人是某知名国有银行，那么它的风控水平相对值得信赖，因为银行本身的实缴资本比较大，整个资金池很雄厚，产品的兑付率就会比较高。如果发行人是一个默默无闻的金融平台，那就需要谨慎一点了。

第三个维度是 how，看看有没有人担保这个产品。担保的意思是，如果发行方不够钱按期兑付，你可以向谁追讨。或者有没有第三方愿意冒着风险向这个产品提供保险，也是很重要的一个指标。还可以查下这个担保方，看看它的净资产额以及经营情况，如果利润比较薄，或者现金流情况是负数的话，那它的担保能力其实也是很一般的。

最后一个维度是 when，赎回和起息的期限。这两个期限其实也有非常玄妙的计算。比如，您购买了一个银行理财产品，名义利率是 5%，90 天期，但是起息日却是 3 天之后，到期后 T+2 才会到账，前后这个产品其实实际占款是 95 天。这样，我们应该可以计算出，它的实际利率是 $5\% \times 90/95=4.78\%$，而并不是表面标称的名义利率 5%。

现在还有一些保险公司发行的产品，可能会收取初始费用，他们往往会在产品首页显示一个相当亮眼的高利率，例如 6%。但是，在条款里比较隐蔽的地方提及初始费用，这个初始费用通常是 0.3%，因此这些产品的实际利率是 5.7%。所以，在看到某平台的收益率时一定不能冲动，仔细看清楚条款，再考虑是不是要买入。

第二，货币基金。

货币基金在前面已经跟大家详细介绍过了，低风险流动性好，特别适合老人配置。

第三，债券。

债券是政府、企业、银行等债务人为筹集资金，按照法定程序发行并向债权人承诺于指定日期还本付息的有价证券。因为借款人的不同，债券大体上可分为国家债券、金融债券、企业债券三类（见下图）。如果是老人购买，购买国债是风险最低的，出于调剂的目的，可以再配置一些债券基金。

不同债型比较			
债券类型	风险	平均年化收益率	种类
国家债	最低	约2.06%	国家债券
金融债	略高于国家债	约3%	
地方政府债	略高于国家债	约3.5%	
企业债	高于金融债	6%～15%	信用等级AAA/BBB不等

第四，债券基金。

前文中曾经提及，选择债券基金可以用 5333 原则。简单来说就是：**5 亿规模，3 年以上，3 年业绩，3 颗星评级。**

对于老人，最好选取长期纯债基金，规模可以稍微再大一点，并且做好三年才能取出来的心理准备。

第五，互联网产品：养老保障理财产品等。

这里不做过多介绍。

3. 父母容易受骗，如何保护他们辛苦一生的财务

在我们看来，经常被骗的是什么人群？

第一，防范意识比较低；第二，独居，长期处于比较封闭的状态，比较容易轻信别人；第三，对基本的理财和金融知识不太了解的人。

记得曾经看过一部反电信诈骗电影《巨额来电》，感悟最深的是：最怕骗子有文化！

骗子利用高科技和套路的引导手段，让一些人轻而易举地把多年的积蓄打到别人账上了。

而且，骗子也是与时俱进的，他们经常会根据用户的变化调整骗术，不断更新诈骗手法。所以，我们的父母作为被骗高危人群，需要经常与他们交流，防止一辈子攒回来的辛苦钱被白白骗到高风险产品里面去。

父母常见的威胁和风险有这几种：

首先，理财最常见的套路就是庞氏骗局。

在 20 世纪有一个叫查尔斯·庞兹的人，许诺投资者将在三个月内得到 40% 的利润回报。这个庞兹非常狡猾，把新投资者的钱作为利息付给最初投资的人，以诱使更多的人上当。

一下子就有三万多名投资者被吸引了过来，直到一年后才发现这是场骗局。这就是非常著名的“庞氏骗局”，用简单的话来梗概，也就是

拆东墙补西墙。这种骗局里，只要是后续有新的投资人加入，当资金链一断裂，就会有大量的投资者本金受损。

对老人来说，这种骗局非常灵活。骗子经常出没在一些老人常去的地方，比如公园、养老院、菜市场等。这些场合的一大特点就是喜欢凑热闹，多找几个托，利用“高收益”“低门槛”和“赠品”的方式，比较容易从众的老人一下就被忽悠了。

其次，谨慎选择高收益的任何产品。

老人理财一定要警惕高收益。炒股、股票型和指数型基金固然要谨慎选择，更可怕的还有一些披着低风险外衣的高收益银行结构性产品，而老人对银行又有足够的信任感，完全没有任何防范。

但其实，结构性理财产品由于部分投向挂钩资产，如外汇、贵金属等，资产价值是不断变动的，最终收益并不是固定的，所以并不适合老年人。

此外，还有一些养老医药项目，承诺收益在 20%~30%，大张旗鼓地，欢迎来公司参观。通过这些投资就能成为会员和顾问，还可以享受优先入住老人院和部分的分红回报。看起来其实是投资，其实是在向公众非法集资。

最后，保健品和老年讲座营销。

曾看到一则新闻，81 岁老人离世：妻子喜欢购买保健品，退休金被骗，全打水漂了（见下图）。

从新闻里面我们也可以看出，老人平常也是省吃俭用的，在保健品上的花费就不那么计较了。觉得非常管用，而且自己身体好，其实也是不想给孩子添麻烦。根据这位老人的描述，以前两口子没生病的时候也经常去理疗馆。有的时候和其他朋友在理疗馆一坐就是一下午，理疗馆内不仅有理疗仪器，还将熬好的银耳汤、雪梨汤，服务员一碗一碗地端给他们喝，可以说自己的子女平日里都没有这么细心照顾。

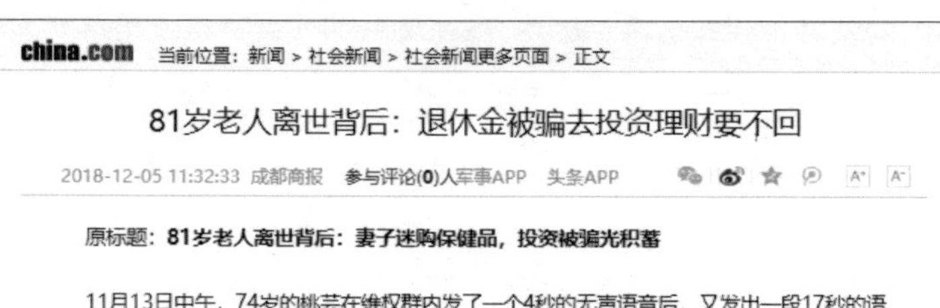

china.com 当前位置：新闻 > 社会新闻 > 社会新闻更多页面 > 正文

81岁老人离世背后：退休金被骗去投资理财要不回

2018-12-05 11:32:33 成都商报 参与评论(0)人 军事APP 头条APP

原标题：81岁老人离世背后：妻子迷购保健品，投资被骗光积蓄

11月13日中午，74岁的桃芸在维权群内发了一个4秒的无声语音后，又发出一段17秒的语音，“昨天（11月12日）中午跟老头子讲，拿不回钱治病，他很生气，下午三点多就在医院走了。”

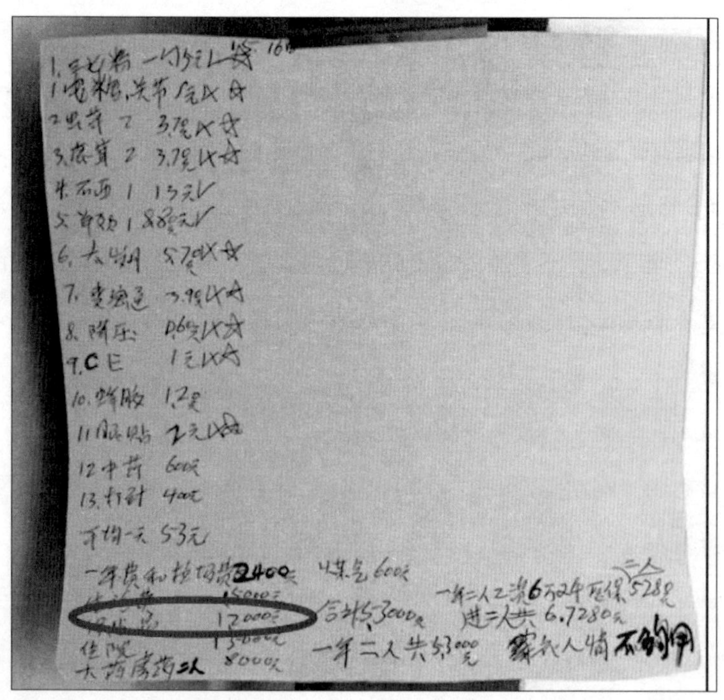

此外，理疗馆的人在节假日时，还经常送一些红枣、食用油、鸡蛋等，甚至还上门给老人打扫卫生。

有了信任之后，理疗馆的人开始给老人们说一些听不懂的名词，承诺给某某养老项目、保健品公司的原始股，还签署了虚假的协议，买个保健品，就成了股东。在一个区域骗完钱之后就失联了，这种情况想要维权也是非常困难的。

作为子女，一定要跟老人讲清楚，但凡大笔支出，购买所谓股权或者自己听不懂的项目，家里人最好一起商量一下。

这个世界没有任何超乎常理的投资回报率。用一个最贴切的词来形容利率和流动性的组合叫作“风险定价”，也就是说，所有回报率都预示着这个产品的风险有多高。

3.3 均衡配置，你该懂点高级的

1. 轮动策略，让钱持续为你生钱

轮动，就是根据一定的逻辑，将资产不断从高估的品种转移到低估的品种，周而复始的一种投资方法。

例如 2005 年到 2007 年的封闭式基金，2012 年的分级 A，2014 年的可转债，2015 年的分级基金，2016 年的房产和 2017 年的白酒指数基金，只要抓住了这些机会，就能获得超额收益，我们把时间拉长来看这件事情，这本质上就是资产的运动，有一点像联合收割机收割庄稼一样，收割完

这一片，然后再来收割下一片。

轮动最大的特点是，大部分小白和普通投资者都无法准确地去预测，但是还是有一些基本的逻辑，只要懂得这些逻辑，相对来说就比较好把握方向。

（1）投资大类别的轮动

最典型的轮动就是前面给大家提到过的美林时钟周期，价格的涨跌在大类资产之间的轮动。

主要说来，是在股票、房地产、债券、商品之间轮动。具体是把投资机会分为四个象限，分别对应四种类别的投资策略：

第一象限，股市低迷，但是市场利率很高，就是我们之前讲述的滞涨期间。例如 2013～2014 年上半年，投资组合不应该偏向股票类产品，而是应该偏向现金、债券、固定收益类的品种。

第二象限，股市处于低位，市场利率也处于低位。类似我们讲述的美林时钟的衰退期，股市处于大行情的前面，债市也会处于高位，例如 2005 年年中和 2008 年年底，这时就应该配置股票、可转债等。

第三象限，股市处于高位，市场利率仍然处于低位，股市处于牛市的延伸中，但是却有下降的趋势。2007 年上半年，2009～2010 年，类似美林时钟的过热期，这时候应该持仓股票，但是逐步降低仓位，增加固定收益类品种。

第四象限，就是股市处于高位，市场利率也处于高位。例如 2007～2008 年，2011 年，牛市的末端，滞涨前兆，这时候应该迅速减少股票基金等仓位，转向债市、商品类、房产类投资。这个时候，牛市末端市场依然亢奋，可以选择新股申购等投资手段，收割最后一波相对安全的资产配置。

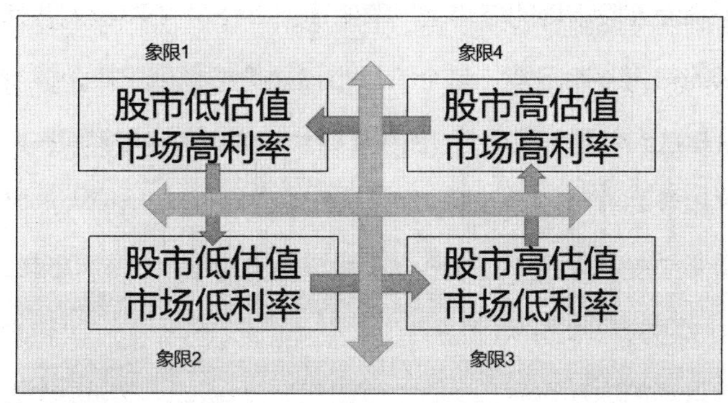

（2）时机的轮动

我们选取 1995 年至 2004 年这一区间基于时间周期，去分析上证指数的牛熊变化情况。

第一个阶段：1995 年 1 月 1 日至 1999 年 12 月 31 日。

上证指数从 637 点上涨到 1 366 点，年平均上涨 16.48%，净资产收益率是 9%。上证指数的平均市盈率从 1995 年 1 月 1 日的 20.53，上涨到 1999 年 12 月 31 日的 46.86。

这个阶段 A 股市场的增长超过了上市公司的平均净资产收益率，这导致市场的估值不断升高。所以蓝筹股，也就是在股市里面占比比较大的股票都趴着不动，这个阶段股票市场以炒作小盘股为主，是典型的“庄股”时代。

第二个阶段：2000 年 1 月 1 日至 2004 年 12 月 31 日。

上证指数从 1366 点下跌到 1266 点，年平均上涨 -1.51%，同期企业净资产收益率为 8.39%，上证指数平均市盈率从 2000 年 1 月 1 日的 46.86 下降到 2004 年 12 月 31 日的 19.03。

这个阶段 A 股市场的复合回报率低于上市公司的平均净资产收益率，导致市场的估值不断下降。这个阶段小盘股价格受到重挫，很多高价小盘股从百元跌到仅剩下几元，“庄股”时代结束，大盘蓝筹股开始走强。

在这里我们就可以看到时间的轮动，或者说股市里面大盘股和小盘股的轮动都是按照净资产收益率和 A 股市场上涨的趋势去判断的。

（3）小类资产的轮动

小类资产的内部也会在品种之间进行轮动。比如股票是大类资产，但是不同的股票板块之间的小类会产生轮动；基金是一种大类资产，但是不同基金小类之间也有轮动；房地产属于一种大类资产，但不同地区、不同种类的房地产也会产生轮动。对于这种轮动，我们首先要认真学习一下什么叫折价。

折价就是市场价格相对于这个产品的内在价格要低的情况。应该首选“折价”比较大的产品去做轮动。

例如封闭式基金，2005 年底的时候，封闭式基金的市场价格和基金净值之间的差额折价达到了 50%，也就是说价值 100 元钱的基金在市场上竟然只有 50 元钱。

然而大部分封闭式基金都会在 2014 年到期，就会基本上由封闭转为开放式，也就是说市场价等同于基金净值了，所以如果这个时候买入，未来上涨就可期待。

A 股每一个品种都可能有折价的时候。例如，有的股票净资产收益率比较高，但是股价一直没有变化，近期的股票涨幅相对于净资产收益率来说是折价的，涨幅跟不上，证明这个股票可能是属于蓝筹股，还没轮动上，这时候如果小盘股已经到了上涨的末端，就应该跟上了。你可以提前布局。

再举一个房地产的例子，2000 年投资在长三角，2014 年到深圳，2015 年之后投资上海，不同的地区有轮动的趋势。如何做判断呢？基本上我们可以以成交量活跃度、周边二线城市的人口数量、国家政策导向等为判断依据。

说到底，所有的轮动，都是因为人对未来趋势的判断产生的。你对未来趋势的判断，如果符合大机构对未来判断的趋势，跟着资金的走向一起走的话，那你就会买对资产、买对股票和基金了。所以研究轮动更重要的是研究大基金的资金走向和轮动策略。市场上比较大的基金公司的研究报告，大家有时间都可以去研读一下。

2. 对冲策略，聪明财女必经之路

对冲听着很玄乎，实际上特别好理解，本质上就是“控制波动”。

我们建立两个投资标的，他们的波动方向是相反的，那么作为一个整体来看，无论市场上涨还是下跌，盈亏相抵之后，投资组合波动就是有限的。

有些投资品种之间是弱关联性。例如不同行业的股票，它们分别代表着不同的公司，A 公司业绩好可以年年涨，而 B 公司业绩差可以年年跌。只有当市场整体估值出现波动时，它们之间才会表现出一定的关联性，也就是同涨同跌。

有些投资品种之间是中等关联性，例如同一个行业的不同股票，由于行业自身的兴衰和周期性，它们的价格表现为一定的同向性。优秀的公司能够在行业低迷时表现得更加抗跌，而行业恢复时又能够率先走出谷底，股票价格也会先涨。

有些投资品种之间是强关联性，例如 A 股票的上市公司，投资持有大量的 B 上市公司的股票，那么当 B 上市公司的股价上涨时，A 股票的价值理论上也同步提高，因此 A 股票的股价也会上涨。

而对冲交易，就是完全要避免“关联”这种情况的出现。

怎样避免呢？

第一种方法，是购买两种不相关的产品，例如购买股票和债券，股票下跌的风险被债券所对冲，组合后的波动率预期就会降低。

第二种方法是进行两笔投资标的相关，但是方向相反、数量相当、盈亏相抵的交易。

也就是说同时买也同时卖，标的对应的东西都一样，只不过利用不同地区、市场、投资者预期的弱相关，或者不相关性，来套利形成利差。

我们举一个简单的生活中的例子。以苹果的买卖作为例子。假设一家苹果店在北京，另一家在海南。某一天，北京的苹果店 5 元 / 千克收购苹果，但海南的苹果店 4 元 / 千克卖出苹果。由于两地相距很远，当苹果运输到北京后，北京苹果的价格，很可能已经跌了，利润那么薄，不赚钱怎么办？

为了控制风险，聪明的供货商会在海南买入苹果之前，与北京的苹果店谈一个合约，约定无论市场价格如何变化，N 天（将苹果从海南岛运输到北京的时间）后交易还是 5 元钱一千克。

还跟海南的供应商约定，无论如何都是 4 元钱一千克进货。只要 N 天之后他完成了运输，这个人就可以赚取每千克 1 元的交易利润。

但是，假如北京的苹果上涨到 10 元钱一千克，海南的供应价格也上涨到 9 元一千克怎么办？他依然可以以 4 元钱买入海南的苹果，在当地直接就卖出去，每千克还赚了 5 元钱，比之前赚得还多！

这样他做到的是，对外来采购和销售之间的差价锁死，无论上涨还是下跌，始终都能保持赚钱。

这就是对冲交易的原理。

它的盈利、时间基本上可以计算出来，但是，市场上这种事情发生多了，很多人就会发现套利机会，渐渐地，海南和北京的苹果都卖一样的价格，套利机会就会失去，对冲交易也不可能实现盈利了。

所以随着自动交易的流行，很多机构都用软件，设置自动交易，用计算机“随时盯盘”，造成一旦出现利差立马实现锁定的交易。

对冲这种玩法，实际上是高级专业投资者的一种玩法，事实上市场上也只有一些私募基金能做到，大家学习和了解一下对冲这种投资手法是什么就可以了。

3. 利用利差策略，全球捕捉投资机会

现在资产价格差在全球都很普遍，可是有很多人还是不了解。

利差策略是利用同种商品期货在境内外之间的价差获利的一种低风险投资策略。

当境内外两地同标的的资产，例如黄金，发生较大的价差偏离，我们就能利用两地不同做多做空来锁定这个价差而获利。

以黄金为例，如果现在美国的黄金期货，每盎司是 1 230 美元，中国的是 1 250 美元，这样就会有 20 美元的价差，这个价差不是黄金的价值不同，而是在不同的市场有不同的价格期待而已。

所以这个时候不做任何假设，既不认为黄金应该值 1 230 美元，也不认为值 1 250 美元。

聪明的投资者，就会理解到这当中价差的意义，可以做多美国的黄金期货，因为它此时的价格偏低；同时可以做空上海黄金期货，因为此时它的价格偏高。其实只要不同地区的黄金价格存在价差，你就存在获利的空间。

如果没有什么特别特殊的环境下，例如没有特殊政策的干扰或者供求不平衡问题，那么在一个星期到一个月之间，这个价差，慢慢就会回归。因为我们这里用的是同一个标的资产，价值一致，所以这个价差回归是一定的。

利差策略有什么特征？

第一，只关注相对的价差的波动，而不是价钱的涨幅，因为绝对的价钱涨幅对我们来讲是没什么意义的。

那两地为什么会有价差的波动呢？

一般都是短周期的供求的不平衡，或者是汇率有一些变动造成的短时间内的价差偏离，那也就是说，因为有这些价差的存在，我们才能够有机会获利。

第二，我们买卖标的资产的时候一定要同时完成，合约价格也必须保持一致，这样的话，就不会出现方损的风险。

第三，这个策略不承担任何市场的风险，就是这个黄金价格大上大下对我们来讲影响不大，反而是我们必须控制汇率的风险。

那么这种策略的优势是什么呢？

首先我们不需要预测价格的走势，而要专注寻求获利的机会。

大家都知道，无论什么预测都不是一件容易的事情。但是从我们的角度来讲，我们只是寻找价差的发散收敛，这样会简单很多。

其次，不需要担心有单边下跌风险的顾虑。

例如，黄金价格本身出现剧烈波动的话，那通常在这个时候会发现两地会出现很短周期的这种价差的偏离，这是一个获利的机会。

再次，波动率回撤小。

因为我们不参与绝对市场的绝对价格的上行，所以利差策略本身的波动跟回撤就相对小，所以这个是跟绝大部分的交易策略有非常非常低的相关性。

最后，量化模型。

计算机交易，能够实时监控价差的波动，高效抓到这个利差策略的机会，避免了交易员人为的情绪波动所造成的失误。

上面提到的轮动、对冲、利差三种策略，是基金公司运用得最多的投资策略。作为普通人，我们关键是了解其中的运作原理，并且在审视每一个基金的时候，对他们提到的策略依据有一个清醒的判断。

最大的风险就是政策风险。

例如，如果目前国家决定取消境外合格投机构的额度，那就相当于没有足球队可以出国参赛了，那哪里还有机会得什么冠军呢?

这样，我们就失去了获利的机会，但是依然不会有绝对金钱的损失。

这一节我们介绍了三种比较高级的市场交易策略：轮动、对冲和利差。这三种方法其实更多的是应用于基金公司在处理他们的策略的时候，如何捕捉市场机会的一种方式。作为普通人，其实真正去操纵的机会并不多。

而我们要了解这些策略的核心目的是了解其中的原理，并且在审视每一个基金（无论公募还是私募）的时候对他们的策略依据有一个清醒的判断。

3.4 这样做，选对你的稳健绩优股

1. 看懂这四大指标，找到属于你的绩优稳健股

首先给大家分享一下我第一次炒股的经验。我当时买的第一支股票是万科地产，当时房地产发展比较火，这只股票也帮我赚了不少钱。

然而事实上，我在投资之前，并没有做过任何关于股票基本面的功课，实质上也是误打误撞的。但是还是希望大家在买股票前，把基本功打扎实，

切不可一味靠运气。

（1）什么是股票

举例来说，当你在股市中购买了腾讯的股票，那你就成了腾讯的股东，持有的股数份额越多，就表示你持有腾讯公司的股权比重越高。

那什么是股市呢？

股市，本质上就是一个股票的交易市场。在我国，就是国家设立的交易平台，具体形式是上海证券交易所和深圳证券交易所等股票交易所。我们用一个最通俗易懂的方式比喻股市，就是一个菜市场，买方和卖方可以自由在市场里面交易。但是这个菜市场有个特殊的规定，就是必须在规定的时间内前来交易，而且都是用电子系统来记录每一个交易。咱们的交易所，就是用一个电子系统记录每一个“市场”内的出价，并且撮合出价相近的人尽快交易成功。

给大家具体一点打个比方吧。

隔壁王大妈，希望以 10 元钱卖出一块猪肉……

例如，隔壁王大妈希望以 10 元钱卖出一块猪肉，她就在菜市场的牌子上写着，说自己要以 10 元钱卖。那邻村的刘大婶希望按 10 元钱买一块猪肉，她也在菜市场的牌子上写着，她希望以 10 元钱买这块猪肉。

菜市场看到她们两个的价格期望一致，就把她们拉到一块，一买一卖交易立刻产生。刘大婶买到了猪肉，王大妈也卖出了猪肉。

如果把猪肉想象成一个上市公司的股票，实质上就是股市了。

那么买卖股票赚的是什么呢？

通常买股票的人想要赚的钱是股票的价差，价差就是买在低点，卖在高点。一只股票买进时是 10 元钱，卖的时候是 20 元钱，那就是赚了 10 元钱的价差。

到最后，我们还是要靠赚取股票波动的差价来获得收益。那么，为什么一只股票会价格波动呢？

（2）股票价格波动的原因

首先，我们先看表面的原因。

股票价格波动，表面上，就是买卖双方的力量多寡变动形成的。再简单点说，就是资金供需情况的波动造成的。也就是说，供需情况决定股票价格波动。

如果一只股票卖的人很多，那自然要排队了，排在后面的刘大爷不满意了，他希望插队。那就只好便宜点卖，出价低，就能插在队伍的最前面，所以这只股票在股市的价格就会降低一点了。

要是卖的人都不耐烦，纷纷只求卖出去，都不求多赚，于是这个卖方就不断把自己的价格降低，希望插在队伍的最前面。

但是，看见那么多人卖，买的人心理也会产生变化，这股票是不是出了什么问题？所以就也没有人买，再低的价格都没有人买的情况下，股票就会一直跌一直跌，直到在 A 股跌满 10% 跌停，在美股和港股是没有跌停的，就会一直跌到有人买为止。

这就是为什么股票会有当天价格的波动的表面原因。

其次，我们看看实质上本质的波动原因。

无非是因为两大原因：

一是因为这只股票有赚钱的预期，或者亏钱的预期。如果它实际上

赚的钱远远超过别人对它的预期，那升幅就会比较大。如果实际上赚钱的预期符合人们对它的设想，基本上有升幅但是不会太大。也就是说，只有在超出期待的时候，股票就会剧烈波动。

而基本上如果这家上市公司，意料是亏 1 000 万元，实际上只是亏了 100 万元，还是可能造成股票上涨的。因此，不是说亏损这件事就一定会使得股票下跌。

所以，核心是，你要判断好这家公司赚钱或亏钱的趋势是怎样的。

二是因为股票本身会随着大盘上涨和下跌。

大盘本身的涨跌，更多来源于大众对经济发展的期望值，以及国际市场的联动关系，政策上的利好利空等。例如历史上，2005 年的股权分置改革引起了一波牛市上涨，2006 年因为 GDP 大涨 16.7% 而涨幅更盛，因为两个因素的发酵，造成了 2005 ~ 2007 年的一大波牛市。

大盘涨跌，基本上个股就会跟着涨跌，所以，对大盘趋势的研判也是非常重要的。

（3）认识一只股票要参考的信息

撇开大盘的涨跌不说，一个个股的涨跌，跟它的基本面有重大关系。那我们就来讲一下，怎样看一只股票的基本面。

关于股票，有几个数据一定要学会看：

第一，股本结构、主要股东变动。

打开股本结构需要了解的是它的股本大小、增减变动，以及增减变动原因。

如果股本结构存在重大的变化，那证明这里面有一些股东看好它，也有一些股东不看好，看多和看空的两方存在分歧，那其实是不利于股票持续上涨的。

此外，从股本结构可以看到，这个股票什么时候做过增发，做过增发的上市公司基本上都有一些比较明确的新投资方向，你要知道它在原来业务的基础上又发展了什么新业务，增发来的股民的钱，都打算用来干吗。

第二，限售解禁表。

了解限售是新股发行、增发、承诺限售是什么原因、具体解禁时间。

前十大股东，大批量地解禁的话，他们其实是有可能在市场上出售这些股份的。但是前十大股东要在市场上抛售股票，也要有具体的人出价购买才行。

所以，一旦大股东要大批量销售股票，他们一定会分批，一点一点地卖，并且大致都会配合一些利好消息，等股价稍微上涨拉上去再出售。

所以，限售解禁的时候，就是你要留意的时候，很可能会有利好消息配合拉高股价，在股价拉高后，大股东悄悄出售股份的事情，就可以在不知不觉之间发生了。接着，因为股价失去了利好消息的支撑，也没有了拉高股价的资金，再跌下来的可能性就相当大。

我们以全通教育做案例，在 2015 年 6~7 月，全通教育在股票最高点，实际控股人和高管做了精确的大幅减持，接下来股票的走势就是这样：

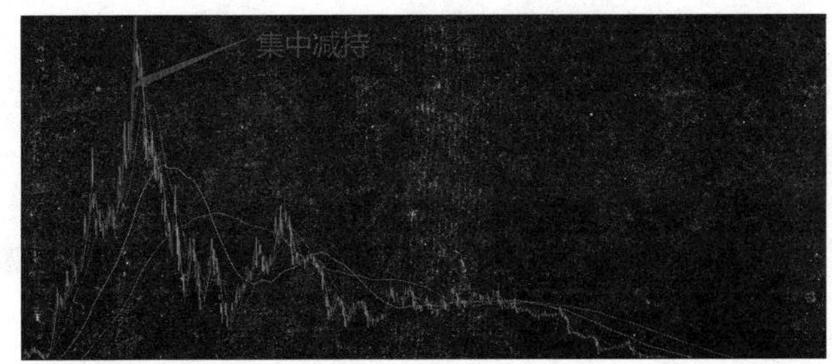

第三，最新公告。

中长线投资一只股票，如果你连该公司近2到3年的主要公告都不看，那如何能做出正确的选择？

从公告中又能看出什么信息呢？我们还是拿全通教育这只股票来看。

全部 | 重大事项 | 财务报告 | 融资公告 | 风险提示 | 资产重组 | 信息变更 | 持股变动

公告标题	公告类型	公告日期
全通教育:关于持股5%以上股东部分股份解除质押的公告	股份质押、冻结	2018-10-16
全通教育:关于控股股东减持计划的预披露公告	股东/实际控制人...	2018-09-29
全通教育:关于部分限售股份解禁上市流通的提示性公告	限售股份上市流通	2018-09-25
全通教育:关于控股股东减持计划期限届满的公告	股东/实际控制人...	2018-09-19
全通教育:业绩承诺补偿股份注销完成的公告	其他	2018-09-13
全通教育:关于控股股东部分股份补充质押的公告	股份质押、冻结	2018-09-04
全通教育:2018年半年度报告	半年度报告全文	2018-08-28
全通教育:关于实际控制人部分股份质押的公告	股份质押、冻结	2018-08-20
全通教育:关于股东部分股份质押的公告	股份质押、冻结	2018-08-15
全通教育:关于获得政府补助的公告	获得补贴（资助）	2018-08-13
全通教育:关于控股股东部分股份补充质押的公告	股份质押、冻结	2018-08-07
全通教育:关于实际控制人部分股份解除质押的公告	股份质押、冻结	2018-07-25
全通教育:2017年年度权益分派实施公告	分配方案实施	2018-07-17
全通教育:2018年半年度业绩预告	业绩预告	2018-07-12
全通教育:关于控股股东部分股份质押的公告	股份质押、冻结	2018-07-05
全通教育:关于股东部分股份补充质押暨质押延期购回的公告	股份质押、冻结	2018-07-02

在公告里面公布了很多关于上市公司控股股东拿自己的股票质押去换钱的公告，也有一些减持计划的公告。同时，我们还看到了它承诺补偿股份注销完成的公告。

虽然，一开始你可能无法理解这些公告的意义，但是在不断深入了解之下，你知道了。那它就是不断在资本市场上把股票变成现金，经营的动力就会降低。

当我们看到高管减持的公告，那就证明这个公司的股东自己都对公司经营信心不足，还不断减持，那这个股东托住股价的动力就会越来越低。这时就要考虑，小散真的有能力经营好公司吗？这只股票以后大涨的可能性有多大？

第四，关键比率。

① **市盈率**。这代表着股票目前来说贵不贵的一个指标

市盈率 = 股价 / 每股盈利

当然，市盈率也分静态和动态，通常来说动态更能说明这个公司目前进展的情况。

你可以看看自己想要购买的那个股票板块，整体市盈率是多少，而你要买的那个股票市盈率是多少。

我们仍以全通教育为例，沪深两市教育板块的平均市盈率是 38，深圳中小企业市场是 81，那全通教育查一下达到了 6 600 多，是非常非常高的一个状态。证明它哪怕在教育行业里面也算是盈利能力非常落后的一只股票。

② 净利率，每股收益率

净利率 = 净利润 / 营业收入

每股收益率 = 净利润 / 上市公司的股数

这两个数据很好地说明了企业的盈利情况，净利率波动更加能够说明企业在经营上是不是产生了什么重大的波动，或者新投资的事业部，不能产生比较好的收益这种情况。

例如找到教育板块另外一只股票拓维信息，我们看一下这个报表。

按报告期　按年度　按单季

财务指标（元）	18-06-30	18-03-31	17-12-31	17-09-30	17-06-30
每股收益	0.0100	0.0020	0.0600	0.1400	0.1200
每股收益扣除	0.0100	-	0.0500	-	0.1000
每股净资产	3.5094	3.4750	3.4747	3.5529	3.5214
每股经营现金	-0.1405	-0.0609	0.1269	0.0001	0.0150
净资产收益率%	0.3691	0.0678	1.7193	3.8383	3.3197
净利润同比增长%	-89.02	-96.25	-68.63	-7.35	0.52
营收同比增长%	-11.46	-19.72	8.78	11.77	12.31
毛利率%	52.84	51.22	56.98	61.55	63.92
资产负债率%	11.36	11.08	11.48	8.96	9.37
流动比率（倍）	4.41	4.61	4.32	5.67	5.13
速动比率（倍）	3.64	3.93	3.81	5.02	4.59
利润表（万元）	**18-06-30**	**18-03-31**	**17-12-31**	**17-09-30**	**17-06-30**
营业收入	48767.00	23648.03	111881.89	80056.79	55076.22
营业利润	1270.68	-275.10	7155.80	15105.63	12727.00
净利润	1425.76	261.50	6634.96	15153.11	12989.63

其中，2018-6-30 的这次报表显示净利润率是 1 425.76/48 767=2.9%，这个净利率在同行里面算是非常差的了。和 2017 年同期比，更是从 23% 下跌到 2.9%，这个的确是非常大的净利润跌幅了。

再看看另外一家龙头的教育行业新南洋，感觉数据就稳妥多了：

净利率是 5%，但是业务规模一直保持稳定，逐步扩大。净利率和每股收益率，一直保持一个比较平稳的状态。

财务摘要

按报告期 | 按年度 | 按单季

财务指标（元）	18-06-30	18-03-31	17-12-31	17-09-30	17-06-30
每股收益	0.1658	0.0628	0.4513	0.4198	0.1476
每股收益扣除	0.1513	-	0.2310	-	0.1486
每股净资产	5.5454	5.4815	5.4473	5.4691	5.1982
每股经营现金	0.5964	-0.0541	1.3201	0.6783	0.4669
净资产收益率%	2.9901	1.1455	7.8875	7.6764	2.8388
净利润同比增长%	12.36	12.08	-32.67	-7.59	10.23
营收同比增长%	21.42	28.00	24.02	28.05	21.32
毛利率%	44.49	43.36	43.39	44.21	42.85
资产负债率%	51.32	48.30	48.89	46.71	46.60
流动比率（倍）	1.33	1.38	1.37	1.39	1.38
速动比率（倍）	1.28	1.32	1.32	1.33	1.32
利润表（万元）	**18-06-30**	**18-03-31**	**17-12-31**	**17-09-30**	**17-06-30**
营业收入	96293.12	44752.08	172356.16	130303.27	79307.45
营业利润	5384.39	1989.12	16170.14	12969.10	4925.05
净利润	4751.37	1799.29	12311.58	12030.35	4228.55

再看看全通教育的：

按报告期 按年度 按单季

财务指标（元）	18-06-30	18-03-31	17-12-31	17-09-30	17-06-30
每股收益	-	0.0100	0.1000	-	-0.0300
每股收益扣除	-	-	0.0400	-	-0.0300
每股净资产	3.2092	3.2742	3.2649	3.1553	3.1526
每股经营现金	-0.0189	-0.0767	0.0852	-0.3927	-0.2916
净资产收益率%	0.0137	0.2835	3.2037	-0.1536	-0.8938
净利润同比增长%	-	-	-35.60	-107.29	-149.73
营收同比增长%	-32.95	-24.58	5.52	7.91	9.09
毛利率%	31.91	36.56	30.40	26.47	22.67
资产负债率%	19.41	15.79	22.28	20.89	23.66
流动比率（倍）	2.01	2.54	1.97	2.04	1.83
速动比率（倍）	1.95	2.49	1.91	1.97	1.79
利润表（万元）	**18-06-30**	**18-03-31**	**17-12-31**	**17-09-30**	**17-06-30**
营业收入	29740.17	16719.11	103111.36	67866.80	44357.45
营业利润	532.25	1531.34	11598.55	532.97	-1776.40
净利润	27.78	588.24	6629.16	-307.19	-1785.80

它的净利率最低，是 27/29 740=0.09%，而且，从一季度以来看它的利润是一直下降，而没有任何上升。

所以，我们可以判断，其实全通教育的整体利润情况是低于同行业的。

③ 净资产和净资产收益率

因为有一些行业，利润上升的程度不高，因为到了成熟期或者衰退期，能持续盈利，但是盈利的增长已经不高了，我们可以看净资产收益率这个数据。

净资产收益率 = 净利润 / 净资产

这个净资产，是这个公司收入减去负债之后的一个数据。

通俗点说，就是这个公司真正可以花的钱。

巴菲特就曾经解释过一个非常有效的净资产选股法。他选的都是“高性价比”的股票。他买股票的诀窍是，当一个股票的市值，低于净资产的三分之一的时候就要买入。也就是说，这个公司有 100 万元可以花，但是市场价只不过是卖 30 万元，这基本上就是等于白花花的 100 万元放在那，只卖 30 万元。

所以，净资产是衡量企业资产到底值多少钱的非常好的标尺。

那净资产收益率又是怎样看？假如，我拿 100 万元放在这个企业，每个年度可以撬动 10 万元的利润，那净资产收益率就是 10%。假设这个利润不变，10 年就可以收回，那这个资产就翻倍了。

如果一个企业到了成熟期，一般净资产都比较大，因为它每年都赚钱，赚了 10 年，肯定累积了大量的钱放在净资产里。

如果企业的净资产都用于企业经营，也就是说都“上阵赚钱”，那相对来说资产的利用效率肯定是比较高的。那就好比，我有一个套房产，如果一直空置，就相当于没有产生经营效益；如果我一直把它租出去，产生租金收益，那它作为我的一项资产，就获得较高的利用效率。

如果企业的资产都没有被好好利用，那么，就相当于股民投资的钱，都没有得到非常好的运营。打比方就是，我有钱，买了机器，但是机器停转；我有钱，买了土地，但是闲置没有建房；我有钱，但是钱都放在银行，拿着超低的银行活期利息。

这些都是不会产生很高的投资回报，也就是说资产的效率很低，这种公司，未来增长不可预期，甚至资产的收益也是浪费的，我们就非常不看好了。

至于上面说的这些信息，可以在哪里查到？

可以在每一个股票软件里查到，例如你下载一个同花顺或你的股票开户券商的看股软件，再如广发证券他们就有自己的看股票的软件。任何一个软件按一下 F10，就可以进入个股的资讯页面，查看个股的所有信息。

2. 入市有风险，不亏钱必须先走这 4 步

小白踏入股市，可以说是踏入了风险最高的一个投资领域，那我们应该如何购买第一支股票？

第一步，一定要设置止损点。

投资，就像我们开车，总有一个安全速度。如果开得快，就能更快到达目的地。只是一旦发生车祸，就是车毁人亡，这样的损失没有人可以承受。

在股票市场，短时间的暴利，往往都守不住。一旦亏损往往也都是无法承受的损失。

所以建议投资单一个股时，尤其是刚刚入市的人，一定要做好止损设置。

例如，你有 10 万元准备投入到股市配置股票资产。想想能接受的最大亏损是多少，例如之前做理财赚了 1 万元，你只能接受这 1 万元的收益亏回去，那么你的止损点就是 10%。

根据我们之前讲过的保本策略，如果 10 万元钱的安全垫是 80%，每

年能得到 10% 的收益率，你每年是稳得 8.8 万元。那么 2 万元的投资股票的激进部分最多只能亏 40%，也就是亏 8 000 元，才能实现保本，所以你可以把止损点设在 40%。

此外，还要保持一个良好的心态，如果没了这笔钱，也不会影响到你的任何生活和固定支出。

根据这种心态，我们建议低风险偏好的稳健投资者不要借钱带杠杆地投资，不应该把保本设置的安全垫设置得太低来考虑止损线。

第二步，先从大股票开始投资。

什么叫大股票?

从专业上来说我们会以总市值来衡量一家企业的规模。总市值是指一家公司值多少钱，打个比方，A 上市公司一共有 100 万元股份额，一股的市价是 50 元，那么它的总市值就是 100 万元乘以 50 等于 5 000 万元。

如果它在市场上发行的股票份额有 25 万元，那么它的流通市值，也就是能够在市场上交易的总价值就是 25 万元 ×50=1 250 万元。换句话说，如果你有 5 000 万元就可以把这家公司全部买下来了，挑选市值越大的公司，相对也代表了它的股价越稳健越安全。

举个例子，贵州茅台的股票 2018 年 8 月 17 日盘中股价是 649.10 元，流通在外的单位份额为 12.56 亿元，总市值就是 8 152.72 亿元。

这些市值比较大的股票，很大原因是它们的价格高，价格高也跟大众给它的期望值高有关系。

第三步，从指数成分股，发现你熟悉的大股票。

茫茫股海中，该从哪里查找总市值高的大股票呢？这里给大家分享一个简单的方法，你可以从指数中找到熟悉的成分股。

什么是指数？指数就是根据科学客观的方法，挑选上海证券市场规模大、流动性好，最具代表性的 300 只股票组成的样本。上证 300 指数，每半年调整一次成分股，这些股票可以说是市场中实力最强的股票了。

其中，成分股里面包含很大一部分上市公司，它们属于金融行业、地产公司、航空公司。此外，还包含了消费、医药等相关行业。

而且，每当上证指数成分股变化时，替换掉的股票大部分都是业绩不好，而新纳入的股票证明未来有一个强劲的走势，非常值得大家留意和关注。

第四步，从生活中挑选你熟悉的产业股票，开始投资。

接下来，在选了一些大股票之后，继续做筛选？

总不能东买买，西买买。

其实，著名的投资大师彼得·林奇曾经说过：“买股票就好像带孩子，如果精力不足而需要关心的孩子太多，只会影响他们的成长。”因此他建议小白买股票基本上以 5 只为最高上限。巴菲特在漫长的投资生涯中，多次强调了分散持股不如集中持股的原理。因为人的精力是有限的，如果分散持股 100 只，既不能看透彻，也不能盯仔细，是没有意义的。

买进股票前，必须先了解该公司与其相关业务是否赚钱，毛利率是多少，以及市场对商品的需求趋势。

举例来说，因为我过去从事的行业是娱乐行业中的游戏领域，所以我比较倾向于购买互联网娱乐相关的股票。因为比较了解互联网娱乐行业的一些资讯，如龙头是谁、他做的游戏靠不靠谱，公司的财务报表是否有夸大、数据之间是否能够前呼后应。

其实大家都可以从自己从事过的行业出发，去找寻自己熟悉的股票。

3. 小白买股票应该避开哪些坑

在股市里大部分人最常踩的坑，都有哪些呢？具体总结如下：

第一，不要胡乱听信什么“股神”的推荐。

笔者做小白理财课程一年多，经常被问到的问题是：老师现在可以买哪一只股票呢？我会回答：不推荐股票。而且这种总是听“股神”推荐的投资方法也是错误的。

曾经有一个同学，做的就是这种引导各种小白买股票的生意。用电话营销的方式问：“同学，做不做股票啊，我们有个股票课程，来听一下呗。”然后，“股神”就会在课程里面，强烈推荐你买入哪一只，你将信将疑，就买了少量。结果真的涨了。于是你大量跟进，买入很多，不巧，有一天，你持有的股票大幅下跌，然后无法避免地亏损，一定要有自己的思考和判断。

股票买卖是个市场行为，庄家要拉升股票，一定要让很多人买。有人排队买，股票价格才会升上去。而他们通过不断鼓吹自己学员购买，同时自己也会砸钱去抬升股价，到后期，不断释放利好消息，使得持有股票的小白以为自己安枕无忧，继续跟进，他们就悄悄卖掉手里的筹码，赚尽了差价。

所以，动不动就听信“股神”所推荐的股票，其实是非常危险的行为。任何投资听自己的判断，这才是一个合格的投资者。

第二，不追涨杀跌。

股市中追涨杀跌是我们最常看到的，如今炒股的人越来越多，但赚钱的人却不多，但是大家对股票投资的热情却越来越高。哪怕没投资过股票的朋友都能随口说出几个热门的股票，不过这种随意投资，有机会随意获利翻倍的大好年代，早就一去不复返了。

我们现在提倡大家做的是价值投资的方式，就是认清楚一只股票，看清楚它的基本面，并且观察它的行业和股性，搞清楚它的最高点、最低点，目前的市盈率如何，看看是否是一个入市的好时机再去投资。如果你做足了功课，就不会觉得股票涨的时候值得去追，因为一旦涨得很猛，算出来的市盈率必然是高的。也不会因为股票跌而落然无措地杀跌。

国内股市也是属于全球股市的一分子。在 2019 年中美贸易摩擦的情况下，许多大估值的股票也无法幸免于难。在初期投资阶段，小白看着股票跌，很伤心，容易追涨杀跌，涨了就跟着买，跌了反而害怕进场，如此一来反而错失了逢低买进的进场时机。所以，心理关反而是最难过的，我们一定要学会在别人恐惧时贪婪，在别人贪婪时反而更加警觉。

第三，对于一些垃圾股，一定要慎重。

国内 Λ 股有戴帽这个说法。

戴帽就是指，给交易所在前面加了 ST 两个英文字母，ST 是 special treatment，指的就是特别处理的股票。相对于绩优升的蓝筹股，ST 股票属于留校观察级别，它已经连续亏损两年了。除了亏损两年之外，看看还有什么情况会被“戴帽”：

① 最近两个会计年度的审计结果，净利润是亏损。

② 最近一个会计年度的审计结果显示股东权益低于注册资本。

也就是说,每股净资产低于股票面值,净资产因为连年亏损一直减少,最后连 1 元钱一股都达不到。

③ 注册会计师对最近一个会计年度的财产报告出具无法表示意见或否定意见的审计报告。

很可能就是作弊或者有什么不良行为，会计师才会狠心抛弃这个客户。

如果连续亏 3 年，那么这个公司就要被加星了。这里的加星可不是加关注的意思，是指“它已经危险到极点，亏损 3 年了，马上就要被摘牌退市了，大家看着办吧”的意思。

股票上涨,主要因素是看好企业的获利能力,即能赚钱。所以,加了帽,带了星的就不要去碰了。

第 4 章

自学有道，我推荐你读这些入门书

有一句话说得好："书中自有黄金屋"可是没几个人相信，其实看书能帮你省下很多钱，还能小赚一笔。

那么问题来了，看哪些书才能找到挣钱的真理呢？通过这一章，我想给你推荐一些书。

《穷爸爸富爸爸》《小狗钱钱》《101 个经济法则》等都是小白理财入门级别的书，通俗易懂，深入浅出地讲解了理财的基本道理，希望这些书能给你深刻的启发。

给大家讲一个故事。

从前，有三个人要被关进监狱三年，监狱长让他们每个人提一个要求。其中，美国人爱抽雪茄，要了三箱雪茄；法国人最浪漫，要一个美丽的女人；而最后一个犹太人却说，他想要一部与外界沟通的电话。

三年后，第一个冲过来的是美国人，嘴里和鼻孔里塞满了雪茄，大喊道："给我火，给我火！"原来，他只知道要雪茄，但却忘了要火柴。他虽然知道自己要什么，但是他却没有要到实现目标的工具。

接着出来的是法国人，他手里抱着一个小孩，那个陪伴了他三年的美丽女人手里牵着一个小孩子，肚子里还怀着第三个。他愁眉苦脸的样子，看来他只想到浪漫，但没有想到浪漫带来的后果。他虽然也知道自己要什么，却没想到实现目标之后的副作用。

最后出来的是犹太人，他紧紧握住监狱长的手说："这三年来，我每天与外界联系，我的生意不但没有停顿，反而增长了 200%，为了表示感谢，我送你一辆劳斯莱斯。"只有这个犹太人，他清楚地知道他想实现的目标是什么，有什么后果，还问监狱长要来了要实现这个目标的工具。

这个故事是想告诉大家，理财除了要知道自己的目标及一些需要规避的风险外，还需要借助工具方可实现目标。

这些工具包括：书籍、查询信息的网站、方法论。网站、方法论在本书中已讲了很多，下面给大家推荐一些经典的理财入门书。

1.《穷爸爸富爸爸》

这本书是美国罗伯特·清崎写的一本理财启蒙书。

这本书里面给出了一个非常有价值的富人思维：富人不为钱而工作，他们让钱为自己工作。

也就是说，做到钱生钱这件事，才能真正地做到财务自由。

我就讲一下自己的一个经历：我以前觉得财富的积累依靠工资，但是后来我在 2005 年就买了第一套房。这套房子的升值，让我几乎等同了这些年所有工作所获得的工资价值。

当时，我也是蛮不舍得花那么多钱去供一个首付，但是理财意识让我感觉到，当时房价是处于一个上升期，交易量大幅上升，所有开盘的楼盘都要摇号找关系，这种供需情况预示着一种热度。于是我一咬牙，就东拼西凑，把首付给了。

一个人想要致富，真的要找准一个投资品去认真投资，学会借助杠杆，也就是贷款的力量。作者后来也写了一本书，《穷爸爸富爸爸实践篇》，提到了通过购买房地产致富的实际经历。在 18 年前，书里就写到了这个概念并且开始进行财商普及教育，是非常难得的。

书中教了大家如何学会建立自己的资产负债表和损益表，这么高深的报表系统他用深入浅出的“现金流”游戏一下子就明白自己应该如何去管理日常的金钱。每一个章节都有学习讨论环节，帮助你完成行动清单，真正学会书里面提及的理财概念。所以，非常推荐任何一个没有任何基础的小白，购买《穷爸爸富爸爸》，以及《穷爸爸富爸爸实践版》来读一下，进行一个理财概念的入门。

2.《小狗钱钱》

德国作者博多·舍费尔写的一本针对儿童财商教育的入门书籍，也非常适合成年人作为入门书籍去阅读。

为什么那么多理财类的 KOL 都喜欢推荐它们？因为理财涉及太多计算，比如资产负债、现金流等并不是那么容易让人明白。

这两本书能够真正做到用故事来深入浅出，把道理阐述清楚。

书里面的主人公——一只小狗，叫钱钱，它是一个理财专家。它的主人吉娅家不富裕，爸爸妈妈还欠了好多好多笔债务。爸爸妈妈整天吵架。

钱钱就教导吉娅，做梦想相册、梦想储蓄罐，定制一张愿望表。其实它就是在教育孩子以目标为导向，倒逼自己的储蓄行为。

其中我感悟最深的是两个原则：

第一个：**72 法则**。

72/ 年收益率 = 本金翻倍的年限，假如年化收益率为 12%，则 6 年后本金翻倍

72/ 通胀率 = 货币贬值一半的年限，假如通胀率为 3%，则现在的 100 元在 24 年后相当于 50 元

虽然我后来经过大量的计算发现，这其中也不一定准确，但是这个概念非常好，可以帮助大家知道，钱是会贬值的，也是可以生钱的。这就是复利的魔力，它用浅显的 72 法则就讲清楚了。

第二个是**甜甜圈理论**。甜甜圈外边的圈就类似我们拥有的金钱。而里面的空就相当于我们的价值观。有了圈，中间的空才显得更有意义。没有圈，中间的空什么都不是。光有圈，没有中间的空，相当于光有钱，也是非常平庸的一个面包呢。所以，我们既要找到那个圈也要找到那个空。这样的比喻，是不是非常有画面感？

3.《财富自由之路》

这本书是李笑来老师写的，很通俗易懂，知识源头是瑞·达利欧的《原则》，最终李笑来老师形成了自己的生活和工作原则，是《原则》的践行版。

这本书把很多财商的思维，变成一种认知输出给大家。其中有一点我非常赞同：所谓的财富自由，就是在人生复利积累的过程中，突破"里程碑"（拐点），达到不用付出时间（或者付出很少的时间）来获得成长的目的。

李老师把财商的量化、复利等思维转化成成长思维，将财商知识和个人成长巧妙地结合在一起。

4.《巴菲特致股东的信——股份公司教程》

巴菲特每年都会给他的伯克希尔公司股东写一封信，总结一年的得失。

书中灌输了很多他的投资理念：价值投资、公司治理等，同时了解到保险公司对投资的那种极大的杠杆作用。

其中我印象最深的有两点：

第一点是巴菲特的伯克希尔公司的回报率非常高，是归功于早些年的回报率，因为当时涉及的资金量少，但是一旦随着它发展壮大，投资回报率就逐步下降，接近市场的平均水平。也就是说，投资基金的时候，我们一定要注意规模。即使是世界上最优秀的投资家去操盘的基金，规模变大之后也是无法获得更多跑赢市场的回报的。

第二点是巴菲特在投资的时候非常注重公司的商业模式，例如，联合汽车服务协会的互助保险模式，这种新的直销模式让客户获得了更低的保费，直销保险在当时来说是一种非常新颖的模式。

通过这本书，我们可以看看大师是怎样去选股和评价一个公司的经营模式的，站在巨人的肩膀上，我们可以看得更高更远。

5.《伟大的博弈——华尔街金融帝国的崛起（1653—2019 年）》

这本书讲解了华尔街的历史，以及美国资本市场发展的过程。

关于经济周期，关于投资和投机，关于自由市场，用讲故事的方式给大家讲述，由浅入深，会让你对商业世界的运行有一个深刻的理解。

6.《黑天鹅：如何应对不可预知的未来》

这也是一部比较经典的教科书级别的著作，严肃但又非常值得你耐心读一遍的理论书籍。

它其实更多的是教你如何面对不可预期的事件，并且及时预测它。

要明白个体对总体，细节对全局产生的决定性影响。当水面出现一只黑天鹅，整个天鹅群体的属性变化，一个纯白的世界霎时变得中灰。

黑天鹅出现的概率本来可以忽略，但是黑天鹅还是出现了，它的出现似乎没有想的偶然，是我们的运气特别不好吗？不是，错的不是你而是正态分布。所以，正态分布和统计学，以及对黑天鹅事件的预防我们要有一个良好的认知。

7.《穷查理宝典：查理·芒格的智慧箴言录》

这本书收录了巴菲特的好搭档查理·芒格过去 20 年来主要的公开演讲，贯穿全书的是芒格展示出来的聪慧、机智，其令人敬服的价值观和深不可测的修辞天赋。它里面有几个理念值得跟大家分享：

第一个，对冲才能找到机会。所谓对冲，就是长期风险来填平短期风险，做多风险对冲做空风险，只有真正做到合理对冲才能避开风险，只有避开风险才能够赚钱；

第二个，一个很重要的观念，是把股票当成企业的所有权，并根据它的竞争优势来判断该企业的持有价值，即价值投资。其实很多人买卖股票，并不是根据它的价值来判断的，大多是波段、K 线、均线等技术流派为主。其实我个人比较推荐价值投资。

后　　记

我是一个非常注重实操的人。从计划写作本书开始，就打算把每一步都写得能操作、可实践，不至于看完随手一扔。

然而我并不认为你认真地读完这本书的每一个字，就学会了理财。

正如一个女孩子，从刚刚走入社会的懵然无知到慢慢渐入佳境，结婚生子再到思维逐步成熟，遇见各种人生抉择也能轻松应对……这是一个过程，不是一步到位的穿越。

理财这件事，首先要建立概念，然后了解方法，最后通过一次次实践，发现问题再回到书本上，重新寻找答案。

所有的事情，包括理财、个人成长、职场发展，听谁说都没必要，亲身实践一下，听从市场的判决最可靠。

所以，这本书也许是你的一个敲门砖，也许是你美好财务自由的小起点，但是绝不能替代你亲自一个一个小细节落实到现实里。

我记得《小狗钱钱》里面有个特别有趣的情节，钱钱说，你必须要有一个“梦想清单”。

拥有这么一个清单，你的每一天都会有动力挖掘更多有趣的体验，赚更多的钱，体会更加馥郁浓厚的人生百味。

希望你拥有了这本书，就拥有了这样一个实践梦想清单的可能。